図説

ベルギー
美術と歴史の旅

森 洋子 編著

河出書房新社

図説

ベルギー 美術と歴史の旅

目次

グラビア

ベルギーの広場
——世界にないユニークな特色とその機能

森 洋子／河原 温（文・写真）

はじめに

ベルギー、とくにオランダ語圏のフランドル地方には世界でも有数のマルクト広場が各地に保存されている（マルクトは元来、オランダ語の「市場」の意味）。その特殊性から都市の代表的な広場はフローテ・マルクト（Grote Markt）と通称され、その都市の歴史と産業の発展に深く関わっている。とりわけ中世都市の広場に多く建つ鐘楼（Bel-fort）は市民の自治と独立の象徴であるとともに、そこから響くカリヨン（組鐘）の音は、市民集会の召集や労働の時を告げる重要な役割を担っていた。またラーケンハル（毛織物会館）は品質管理と国際的な交易の重要な場でもあった。その当時にタイムスリップさせるアントウェルペンやブリュッセルの広場には市庁舎を中心とした各種の重要な同業組合（ギルド）会館が隣接し合い、その景観は圧巻である。

ワロン地方のマルシェ（広場）は商業活動の場というよりは富裕な貴族の館が並ぶ。その都市の広場に位置する代表的な聖堂は信仰の場としての存在感を与えている。

フランドル地方 *Vlaanderen*

ブルッヘのマルクト広場の鐘楼

ブルッヘ

Brugge／英 Bruges

中世フランドル伯領の中心都市。マルクト広場に面したゴシック様式の鐘楼（13世紀に建てられ、数度の火災を経て、再建・増築された。高さ83mの威容を誇る）は、市民の自治、力、誇りの象徴であった。鐘楼の1階部分は毛織物会館として使われ、国際的な交易の場となった。マルクト広場では市民のために魚や衣料など日常品の販売が行われた。

イーペルを描いた19世紀の水彩画

イーペル Ieper／英 Ypres

ヘント、ブルッヘと並ぶフランドルの3大毛織物生産都市であったイーペルのマルクト広場には、ベルギー有数の鐘楼（1200-1230年、高さ70m）を戴く毛織物会館（1260頃-1304年、長さ125m）がある。ただし現在の建物は第1次世界大戦で破壊され、第2次世界大戦後の復元である。19世紀の水彩画が昔の面影を伝えている。
© City of Ypres

イーペルのマルクト広場

ヴールネ Veurne

マルクト広場には、フランドル・ルネサンス様式の城主の館（Landshuis 1613-21年）に隣接する鐘楼、市庁舎と裁判所、スペイン兵士が駐屯したパヴィリオンがある。広場に面して、ゴシックとルネサンス様式の折衷方式で建てられた階段状破風つき商家などが注目される。毎年7月最後の日曜日に、この広場を出発点とした「贖罪者の十字架かつぎ」の宗教行列が開催され、世界中のカトリック教徒約1000人（うち約300人が贖罪者）が参加する。
© Westtoer

ヴールネのマルクト広場

ヴールネの十字架かつぎ　© Westtoer

ヴールネのパヴィリオン　© Westtoer

ヘントの金曜広場

ヘントの古地図　16世紀

ヘント Gent／英 Ghent

フランドル伯領最大の都市。毛織物の生産と取引地。金曜広場（Vrijdagmarkt）は日常の食材のための市場だけでなく、中世においては都市の中心的空間となり、行政的な布告や市民の集会、処刑などが行われた。14世紀の民衆反乱のリーダー、ヤーコプ・ヴァン・アルテヴェルデの銅像が広場の中心にある（19世紀）。

アウデナールデの
マルクト広場

アウデナールデ
Oudenaarde

マルクト広場はブラバント・ゴシック様式の市庁舎（1526-37年）によって際立った外観をもつ。16世紀に最盛期を迎えたタペストリー産業は著名。

アールスト Aalst

中世フランドル伯領の都市として13世紀以来発展。マルクト広場に面して、市庁舎と鐘楼がある。広場の中央に立つフランドル最初の印刷業者ディルク・マルテンスの銅像は町の歴史的な誇りとなっている。

アールストの古地図

アールストの組合（ギルド）会館

アントウェルペンの市庁舎広場に並ぶ組合会館　© Antwerp Tourism & Conventions

16世紀中期のアントウェルペン市庁舎　銅版画

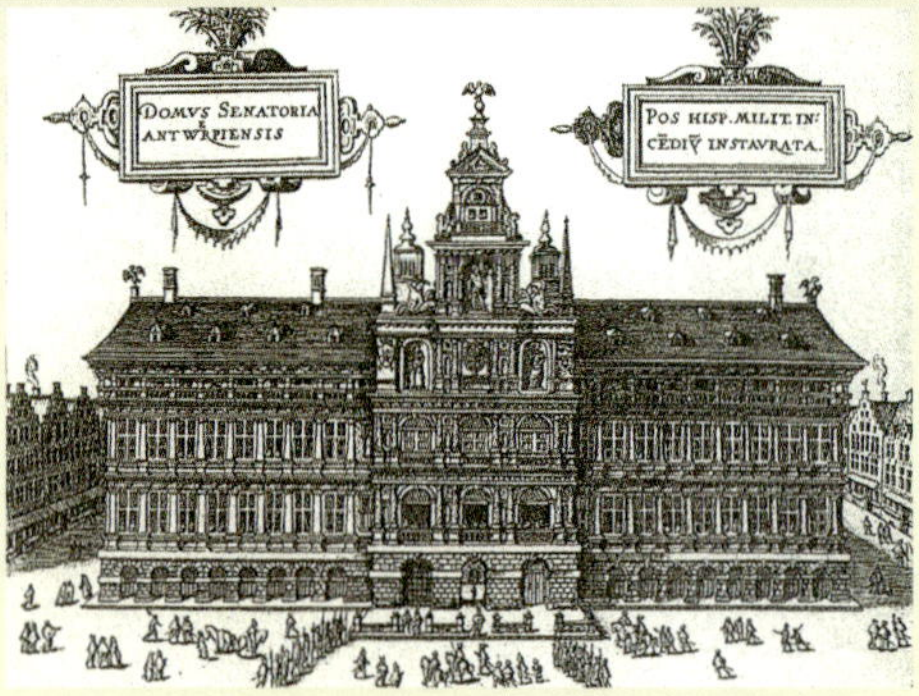

アントウェルペン Antwerpen

マルクト広場は16世紀に経済、文化の黄金時代を迎えたアントウェルペンの象徴的な場所。市庁舎はフランドル・ルネサンスの代表的な公共建築。周囲の組合会館はさまざまな組合が密集し、個々の特色ある装飾的窓枠が注目される。

ブリュッセル Brussel, Bruxelles

ブリュッセルの市庁舎

トゥールネの広場

トゥールネ Tournai

ローマ時代に起源を持つベルギーで最も古い司教座である古都。三角形の広場に面して、貴族や富裕な商人の館、サン・カンタン聖堂（12-15世紀）があるが、近くの大聖堂（13-14世紀、ロマネスクからゴシックの過渡期の様式）の5基の塔が広場に美しいアクセントを与えている。

リエージュ Liège

主要な広場はマルシェ広場（Place du Marché）と称されている（マルシェはフランス語の「市場」）。中世ムーズ地方の中心都市リエージュの宗教的、政治的なモニュメントとなったエラール・ド・ラ・マルク司教の巨大な宮殿近くに、ルイ14世様式の市庁舎（1714-18年）前広場がある。中央には、都市領主として君臨したリエージュ司教の権力の誇示として、さらし台が設置された。だがやがて都市共同体の自由と特権を象徴するモニュメントとなり、1697年、ジャン・デルクール設計による三美神の円柱のある噴水つきの建造物として設置された。

リエージュのマルシェ広場

ウイのグラン・プラス広場

モンスの広場と市庁舎

モンス Mons

グラン・プラス広場の中央に市庁舎（1458年以降に改築。塔は1718年）が君臨し、その左右にルネサンス様式の金羊毛騎士団の館（1615年）、ゴシックの余韻の残るルネサンス様式の聖ジョルジュ礼拝堂（1602年）があるが、身廊は現在、展覧会場として使用されている。

ウイ Huy

世紀末まで毛織物工業で栄えたムーズ地方の都市ウイのグラン・プラス広場。市庁舎（1766年）前には瀟洒な青銅製の噴水（1406年）があり、ウイの地元聖人の聖マンゴルド、聖ドミシアン、聖カタリーナのほかに、ウイ最後のアンスフリド伯の彫像が飾られている。

ランブール Limbourg

ウェーゼル川の丘陵に位置し、ベルギーで最も美しい村の一つとして親しまれ、かつてはランブール公領の主都であった。この村の細長い広場の両側には「ワロン地方文化財保護」のシールが貼られている、個性的な民家が魅力を添えている。

ランブールの細長い広場

ランブールの文化財保護シール

ランブールの古い石畳　広場の市場用テントのポール跡

序章

ベルギーの歴史的展望

河原 温

❶「トゥールネの大聖堂」

ベルギーは、オランダ、ルクセンブルクとともに、現在、ベネルクス三国の一つを構成しているヨーロッパ北西部の小国である。ベネルクス三国は大国のはざまにあって、それぞれの文化と国家を発展させてきた。ベルギーの国名は、紀元前六世紀頃にこの地に定住していたケルト系のベルガエ族に由来している。ベネルクス三国は、また歴史的には「低地地方」(ネーデルラント)と呼ばれ、国土全体がゆるやかな「低い土地」からなっている。その中でベルギーは、西は北海に面し、平坦な海岸線と低湿地をなしている。

ローマ時代とゲルマン人

この地域は、古くからヨーロッパの十字路としての位置を占め、ローマ人、ゲルマン人をはじめ多くの民族の侵入と移動の場となってきた。ローマ人が前一世紀にこの地へ進攻すると、カエサルの有名なガリア遠征によってローマの領域に組み込まれていった。先住のベルガエ族は、前五一年に

❷《ルーヴェンの市庁舎》19世紀のリトグラフ

ローマ軍に屈し、以後四世紀にわたってローマの支配を受けた。ローマ人は、この地を東西に横断するローマ街道（ブーローニュ―ケルン）を建設し、ベルギカ、ゲルマニア両州として統治した。四世紀以降、ゲルマン人（とくにフランク族）の進出により、ローマの支配は終わりを告げる。しかし、南部ではローマ化が浸透し、住民の言葉もラテン語化していた。他方、北部では低地ゲルマン語が定着していく。ブーローニュからケルンへ至るローマ街道をほぼ境界線として、南のワロン（フランス）語と北のフランデレン（オランダ）語という今日のベルギーの言語境界線が、この頃から形成されていった。

中世 ――フランドル地方の繁栄と北方ルネサンス

五世紀にはローマによる支配が終焉し、ゲルマン人の一派サリ族がトゥールネを拠点に勢力を伸ばした。メロヴィング朝のクローヴィスは当初、ここを首都としてフランク族を統一し、ローマ・カトリックへと改宗した。その後、首都はパリへ移るが、ベルギーの地は一貫してフランク王国の支配の中心であり続けた。

❸ 15世紀のネーデルラント諸領邦

八〇〇年に、カロリング朝のフランク王カール大帝（シャルルマーニュ）がローマ教皇から西ローマ皇帝の冠を授けられたことは、ヨーロッパ政治史にとって重要な事件であった。彼はアーヘンに宮廷をおいたが、その所領はムーズ川周辺のワロン地方に広がっていた。彼の死後、フランク王国は三分され、現在のベルギーを含む南ネーデルラントは西フランクとロタリンギアに属した。

その後、南ネーデルラントにおいては、神聖ローマ帝国（ドイツ王国）およびフランス王国の支配の下で、伯や公を首長とする諸領邦が形成された。十二世紀にはスヘルデ川を境に西部のフランドル地方はフランドル伯領を構成し、東部・南部はブラバント公領、リンブルフ公領、ナミュール伯領、エノー伯領、リエージュ司教領などが、寄せ木細工的に寄り集まっていた。この地域で最も有力であったのがフランドル伯領であり、ブルッヘやヘントなど毛織物工業や商業で栄えた中世都市を擁し、中世を通じてフランスやイングランドとの密接な政治的・経済的関係の中で、両国のさまざまな利害のぶつかる場となった。

十二世紀から十三世紀にかけてヨーロッパでは都市が成立し、経済的発展が著しかったが、とりわけ南ネーデルラントの都市

❹《ブルゴーニュ公フィリップ善良公による宮廷付色彩画家の工房訪問》
ミニアチュール　1472年　ブリュッセル　ベルギー王立図書館

❺ヤン・ヴァン・エイク《ロランの聖母》1435年頃　パリ　ルーヴル美術館

化は目覚ましく、北イタリアと並んでヨーロッパで最も都市居住人口の多い地域となった。十四世紀、フランドル地方ではとりわけヨーロッパにおける南北商業の要となったブルッヘが四万人、毛織物工業都市ヘントが六万人、イーペルが二万人を数えた。またブラバント公領のブリュッセルやルーヴェン、リエージュ司教の居地リエージュなどもこの時期に発展を遂げ、今日の都市の原型を形作ったのである。フランドル地方では三大都市（ブルッヘ、ヘント、イーペル）の手工業者の力は強く、フランドルの政治的支配を目指したフランス王権とのコルトレイクの戦い（一三〇二）では、歩兵を中心としたフランドル市民軍がフランス王の騎士軍を破った。

十四世紀半ばになると、フランドル地方は英仏両国の百年戦争の舞台となった。フランス王の弟であるブルゴーニュ家のフィリップ豪胆公（在位一三六三—一四〇四）がフランドル伯の娘マルグリートと結婚したことによって、フランス東部のブルゴーニュ公国からルクセンブルク、ブラバント、フランドル、アルトワ、そしてホラント伯領に至る広大な領域を包摂したブルゴーニュ公国が生まれることになった。フィリップ豪胆公以後、四代にわたる統治によって、ベルギーの地は経済力のあるフランドル都市を中心にブルゴーニュ公国の重要な支配領域を構成した。

フィリップ善良公（在位一四一九—六七）の統治期は、とりわけブルゴーニュ宮廷文化の最盛期であり、フランドル地方を中心とするネーデルラントでは、絵画や音楽などの新たな流れがいわゆる「北方ルネサンス」を現出することになった。絵画では、とくにヴァン・エイク兄弟に代表される初期ネーデルラント派の絵画が十五世紀に全盛期を迎えた。ブルゴーニュ公の宮廷がおかれたブルッヘ、ブリュッセルなどに画家たちの工房が開かれ、祭壇画や細密画（ミニアチュール）など多数の芸術作品が生み出された。また音楽も、多声音楽の革新がギヨーム・デュファイらを中心に北フランス（パリ、カンブレー）からフランドル地方（ブルッヘ）において行われ、その流れはルネサンス期イタリアへと伝播することになる。

ブルゴーニュ公によるネーデルラントの政治的統一の試みは、しかしながら諸領邦の有力都市や貴族らの地方自立主義の抵抗のために完成することはなかった。一四七七年、ブルゴーニュ公シャルル突進公（在位一四六七—七七）の死後、その後を継いだ娘のマリー・ド・ブルゴーニュがオーストリア大公マクシミリアンと結婚することで、ネーデルラントはブルゴーニュ家からオーストリア・ハプスブルク家の支配下へと移行することになる。

❻ 15世紀の音楽家たち。左《ヤコブ・オブレヒト》フォートワース　キンベル美術館。右《ギヨーム・デュファイとジル・バンショワ》パリ　国立図書館

近世
——ハプスブルク帝国とネーデルラント連邦共和国成立

十六世紀に入ると、マクシミリアンの孫でスペイン・ハプスブルク家の血筋を引いたヘント生まれのカール五世（スペイン王カルロス一世）（スペイン国王、在位一五一六—五六）が神聖ローマ皇帝（在位一五一九—五六）となり、スペイン、ネーデルラント、ドイツ諸邦、南イタリアなどを掌中におさめた「ハ

❼ 匿名の画家《フェリペ２世の肖像》

プスブルク帝国」を現出した。しかし、この帝国はカールの家産の集合体にすぎず、国家としてのまとまりを欠いていた。南ネーデルラントは、その巨大な帝国の中で、ブルッヘに代わり十五世紀末から十六世紀にかけて国際商業・金融の一大中心都市となったアントウェルペンを中心に、カール五世の主要な財源の場となった。カールの統治下で、ネーデルラントはいわゆる「十七州」に分けられ、ブリュッセルが行政的中心となった。一五五五年、カール五世は息子のフェリペ（在位一五五六—九八）にネーデルラントを譲り、以後、スペイン・ハプスブルク家によるネーデルラントの支配が開始された。

フェリペは一五五六年にスペイン王位を継承し、フェリペ二世となった。フェリペ二世はスペインを中心にカトリック国家としての統一を目指し、ネーデルラントで増加しつつあったカルヴァン派をはじめとする新教徒たちと敵対した。また「十七州」の政治的自立を求める貴族たちとも対立した。一五六七年、フェリペ二世の派遣した執政アルバ公による宗教的弾圧と政治的分立主義の抑圧政策のため、カルヴァン派の新教徒たちを中心とする「十七州」の反乱が起こった。商工業者を中心とするカルヴァン派新教徒とカトリックの貴族たちとの対立は激化し、一五八二年に新たにネーデルラントの執政となったファルネーゼ率いる五万のスペイン軍が、その機に乗じて南ネーデルラントを制圧した。その結果、多数の新教徒たちが北部ネーデルラントの諸都市へ亡命し、「北部七州」は後にオランダ（ネーデルラント）連邦共和国として独立を果たすことになる。他方、南ネ

❽ 逸名の画家《アントウェルペンの風景》16世紀　アントウェルペン国立船舶博物館

❾ アントウェルペンのブルス（新取引所）1531-32年建設（1581年版）

ーデルラントの「南部十州」はカトリック地域としてとどまり、今日のベルギーの領域を形成することになった。

⑩ ピーテル・ブリューゲル《バベルの塔》1563年　ウィーン美術史美術館

十六世紀の南ネーデルラントの経済的中心は、スヘルデ川河口にあって、北海にも開かれていた港町アントウェルペンであった。地中海世界から大西洋へ国際商業の重心が移動したため、アントウェルペンはこの時期にヨーロッパ最初の商業的首都となったのである。新航路の開拓によってポルトガルがもたらした香料や砂糖のほか、毛織物、銀・銅などが流入し、この都市は世界市場として機能した。一五二〇年から六〇年頃までの間にアントウェルペンの人口は倍増し、十万人を超えるほどであった。しかし、一五六六年以降はスペイン軍の蹂躙するところとなり、国際商業の重心は以後、アムステルダムへと移動することになる。

　十六世紀のアントウェルペンは十五世紀のブルゴーニュ宮廷文化を受け継ぎ、北方

⑪「メルカトルの世界地図」1633年刊より　シント・ニクラース　地方郷土館

⑫「獅子の形をしたネーデルラント図」1617年　アムステルダム

⓭ ペーテル・パウル・ルーベンス《十字架降下》1611-14年　アントウェルペン
聖母マリア大聖堂

⓮ ジャン・バティスト・ボンヌクロワ《17世紀のブリュッセルの風景》1664-66年
ブリュッセル　ベルギー王立美術館

ルネサンスの一つの中心をなした。画家のピーテル・ブリューゲル、地図制作者のオルテリウスやメルカトル（クレーマー）らが活躍した。またアントウェルペンを中心とする印刷・出版業の発展は、同時代のリヨン、ヴェネツィアなどと並んで文化史的にきわめて重要な意味を持っていた。

　十七世紀に入ると、フェリペ二世の娘のイサベルとその夫アルベルト大公の統治下で、南ネーデルラント諸州ではイエズス会を中心に対抗宗教改革の影響が強くなり、カトリックが再強化されていった。この時期、南ネーデルラントはスペインとフランスの間の一連の紛争を背景に、三十年戦争をはじめとしてヨーロッパ諸勢力によって六回も戦場となった。そうした戦争の過程でスペイン側は相次いで敗北し、一六四八年にはウェストファリア条約で「北部七州」の正式な独立が承認され、ついにオランダ共和国が成立した。またルイ十四世統治下のフランスによってフランドル地方の南西部やエノー地方が領有された。十七世紀は疫病の流行や飢饉も多く、「災厄の世紀」と呼ばれたが、同時に壮大な芸術様式としてのバロック芸術が現れた時期でもあった。

十八世紀
——絶対王政とブラバント革命

　南ネーデルラントはその後も、多くの支配者の交替と政治体制の変遷を経験する。十八世紀の初頭にはオーストリア・ハプスブルク家の支配下に属し、マリア＝テレジア（在位一七四〇—八〇）とその息子ヨーゼフ二世（在位一七六五—九〇）により、啓蒙絶対主義に基づく統治が行われた。十八世紀後半には、ブリュッセルが擡頭し、南ネーデルラントの行政の中心として、また宮廷の所在地として急成長を遂げる。現在のブリュッセルがもともとオランダ（フランデレン）語圏にありながら、オランダ語とフランス（ワロン）語の両言語併用地域となっている歴史的背景には、ブルゴーニュ時代以降、統治行政にかかわる役人や貴族、外交官などの少数の支配的住民によってフ

⓯ レオナール・ドゥフランス《ミネルヴァの教会あるいはオーストリア・ネーデルラントにおけるヨーゼフ２世の宗教政策の栄光》1781年　ディジョン　市立美術館

⓰ A・カネル《19世紀ベルギーのマリモンの石炭鉱山》1852-54年　ブリュッセル　ベルギー王立図書館

ランス語がこの都市でステータス・シンボルとして用いられてきたという事情があったといえる。

一七八九年のフランス革命は、南ネーデルラントにも大きな影響を及ぼし、オーストリアの絶対君主を排して自治を目指す革命運動（ブラバント革命）が生じた。しかしこの運動は短期間で終わり、この地は再びオーストリアに帰属した。その後、一七九七年にはフランスに併合され、一八一四―一五年のウィーン会議ではオランダに帰属することとなった。しかし、オランダの独立以後二世紀半を経るうちに、オランダ（北部ネーデルラント）と南ネーデルラントは異質な社会となっていた。カルヴァン主義のオランダはオランダ語を用い、カトリックにとどまった南ネーデルラントはオランダ語とフランス語が共存し、さらに指導層はフランス語を常用語とするという複合的社会であったからである。また経済的にも、オランダは商業国家であったが、南部は農業と工業が中心であった。

十九世紀――独立と経済発展

一八三〇年八月、フランスの七月革命のニュースが伝わる中、ブリュッセルを中心に急進派の自由主義者たちによってオランダからの独立革命が展開され、国民議会が召集されて、ベルギー国家の独立と代議制君主国家となることが宣言された。翌一八三一年、ドイツのザクセン・コーブルク・ゴータ公レオポルドが議会によって国王に選出され、レオポルド一世（在位一八三一―六五）として即位した。「ベルギー王国」の誕生である。独立後、ベルギーはイギリス、フランスなど周辺の大国の勢力争いの中で、中立国としての立場を維持した。

ベルギーはまた大陸で産業革命を最初に開始し、十九世紀後半にはヨーロッパ有数の工業国となっていた。国王レオポルド二世（在位一八六五―一九〇九）の時代には、中央アフリカへと進出し、コンゴを中心に植民地経営にも乗り出した。

他方、十九世紀後半には労働運動、社会主義運動も盛んとなり、労働者の生活改善や普通選挙制度を求める運動が進められた。とりわけ、この時期にベルギーにおける重要な大衆社会運動をなしたのが、オランダ

⑰ 19世紀のベルギーの労働運動の風刺画

（フランデレン）語問題である。一八三一年に制定されたベルギー憲法において使用言語の自由が規定されていたにもかかわらず、現実にはフランス語が議会、政府、行政、司法、軍隊などにおいて唯一の公用語となっており、フランス語を解しない中産・下層のオランダ語系住民は、政治的にほとんどアウトサイダーとされたのである。そうした抑圧された言語としてのオランダ（フランデレン）語の地位向上を目指す「フラームス運動」と呼ばれた社会運動が展開された。一八九八年になってようやくオランダ語は第二の公用語に指定され、法的にフランス語と平等の地位を得ることになった。とはいえ、フランス語の実質的優位は否定できず、第一次世界大戦期の軍隊などにおいて深刻な言語問題を引き起こすことになった。

二十世紀――二度の大戦と言語問題

ベルギーは十九世紀の独立以来、一時期を除き一貫して中立政策を取っていたが、第一次世界大戦、第二次世界大戦のいずれにおいてもドイツに侵略されるという経験をこうむった。オランダ、ルクセンブルクとともに、ベルギーは小国として小規模な軍事力しかなく、そのため、集団安全保障体制への参加とヨーロッパの市場統合への志向を外交上の基本としていったのである。

第一次大戦後、ベルギーでは普通選挙制度が定められ、政治的には十九世紀後半のカトリック党と自由党の二大政党制から労働党を加えた三大政党による連立政権の時代へと移行した。また言語問題も継続し、フランデレン（フランドル）地方はオランダ語、ワロニー地方はフランス語という一地域一言語の原則が、一九三〇年代に実施されることになった。

一九三〇年代のベルギーは、大恐慌の影響を受けて失業者が増大し、議会制民主主義の危機の時代であった。三大政党による挙国一致内閣によって社会の安定化が図られたが、一九三六年のスペイン内戦を契機に左派と右派の両極化が強まった。一九四〇年には宣戦布告なしにドイツが侵攻してきて、第二次世界大戦中はドイツの占領下に置かれた。

一九四五年のドイツ敗戦の後、ベルギーはNATOなどヨーロッパ統合組織への参加を通じて、西側安全保障体制と経済の安定を目指した。

国内では、一九五〇年代以降、南部のワロニー地方の石炭業や繊維産業などの衰退が原因で経済危機に陥り、労働運動が昂揚する。一方、六〇年代には地域意識の高まりと言語法の徹底による言語地域の分割が確立された。すなわち、オランダ語地域のフランデレン、フランス語地域のワロニー、二言語併用地域のブリュッセル、東部のドイツ語地域の四つである。こうした言語地域分割の志向は、ルーヴェン・カトリック大学の分裂、全国政党の地域別再編などをもたらし、一九八〇年の憲法改正によって連邦主義化が促進された。その背景には言語の問題とともに、ワロニーとフランデレン両地域の経済格差の拡大があったのである。そして一九八八年、九三年の憲法改正によってベルギーは実質的に連邦制国家へと移行し、今日に至っている。

第1章

ヘントの歴史——フランドル地方の代表都市

河原 温

ベルギーのオランダ語圏の中心都市に数えられる人口約二十五万人のヘント（ガン）は、現在ベルギーの五大都市の一つである。ヘントという地名はケルト語系といわれ、スヘルデ（エスコー）川とレイエ（リス）川の合流点に位置した集落（ガンダと呼ばれた）が戦略的にも重要な場としてローマ時代から存在していた。七世紀に北西ヨーロッパのキリスト教化の波の中で、聖アマンドゥスが聖ペテロと聖バヴォに捧げられた二つの修道院（シント・ピーテル修道院とシント・バーフ修道院）を創建した。シント・バーフ修道院の周辺には九世紀末以降、商人や手工業者の集落が生まれた。それらは紀元千年頃までに融合して、中世の都市ヘントを形作った。

ヘントは、十一世紀には、フランドル地方の要衝の地として商工業の中心地をなし、フランドル伯の居城も建てられた。以後、中世を通じて、ブルッヘ（ブリュージュ）、イーペルとともにフランドル地方における三大都市の一つとして栄えることになる。十四世紀半ばには人口六万人を数え、アルプス以北の都市では当時パリ（二十万人）に次ぐ大都市となっていた。西フランドルを代表する都市ブルッヘが十三世紀以来、北西ヨーロッパにおける世界市場となり、国

❶「フランドル伯の城」12世紀　ヘント

❷ 12〜13世紀の「ギルドの建物」 ヘント

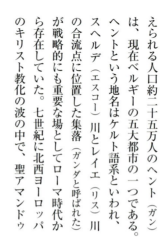

❸ ピーテル・ド・ケイセル《ヘントのパノラマ》1524年　木版　ヘント大学　プリントコレクション

際商業都市として栄えたのに対し、東フランドルの中心都市であったヘントは、スヘルデ河の上流から運ばれた穀物の取引市場として、またイングランドからもたらされた羊毛を加工する卓越した毛織物生産都市として、十三世紀にその繁栄の頂点に達したのである。

ヘントでは十二世紀以来、商人をはじめとする少数の都市有力市民層による都市支配が行われた。織布工をはじめとする毛織物関係の手工業者たちが人口の六割を占め、十四世紀初頭からは、彼らも都市の政治に参与した。毛織物業のみならず、さまざまな手工業者層は、領邦君主であるフランドル伯からの都市特権獲得の際にも都市の主要な勢力を構成し、対外的には、一三〇二年のフランス騎士軍との戦い（「コルトレイクの戦い」）において、フランドルの諸都市連合軍が歴史的勝利をおさめた時の立役者ともなったのである。

十四世紀以降、ヘントはフランドル諸都市の代表として、十二世紀以来享受してきた政治的、経済的特権を維持するために、イングランド王と結んでフランドル伯やその主君たるフランス王に対抗した。例えば、十四世紀のヘントにおける都市反乱を指導したヤーコプ・ヴァン・アルテヴェルデとフィリップ・ヴァン・アルテヴェルデ父子は、商工業者のリーダーとして名をはせたのだった（父ヤーコプ・ヴァン・アルテヴェルデの銅像は、現在ヘントの金曜広場の真ん中に立つ）。ヘントの手工業者たちの反乱は、武力を伴った大規模なもので、伯領の支配君主であったフランス王やブルゴーニュ公をたびたびおびやかした。

他方、十五世紀は、文化的にはヴァン・エイク兄弟、ヒューホ・ヴァン・デル・フースら初期ネーデルラント派の画家たちをはじめ、彩色写本制作者や音楽家などの活動が花開いた時代であり、十四世紀末以降はブルゴーニュ公国の宮廷のパトロネジ（支援）を得ながら、ブルッヘと並んでヘントでも多くの芸術家の工房が開かれた。ヴァン・エイク兄弟の最も著名な作品である《神秘の子羊（ヘント）の祭壇画》（一四三二）も、十六世紀以降、数奇な運命をたどりながら、現在ヘントのシント・バーフ大聖堂の中に保存されている。

一四七七年、ブルゴーニュ公シャルル突進公の娘であるマリー・ド・ブルゴーニュが、オーストリア・ハプスブルク家の皇太子マクシミリアンと結婚することで、ヘントを含む南ネーデルラントは、以後十八世紀末までハプスブルク家の領有するところとなった。神聖ローマ皇帝となったマクシミリアン一世の孫であり、後に自身が神聖ローマ皇帝となるカール五世がヘントの町で誕生したのは、一五〇〇年のことである。

❹《金曜広場でのヘント市民の争乱》14世紀のミニアチュール　ノーフォーク　ウェルズ・ネクスト・ザ・シー美術館

カール五世は、一五四〇年にヘントと対立した結果、武力でヘントを制圧した。カールは、ヘントの手工業ギルドがそれまで保持していた政治的、経済的諸特権を奪い、都市の自治権を廃したのである。この敗北の結果、ヘントの市民たちはカールの面前で、首に縄を巻いた状態で屈辱的な謝罪をせねばならなかった。この出来事は、「縄を首に巻いたもの」を意味するニックネーム（ストロープキン）とともに、以後ヘントの町で行われる毎年の祝祭で、市民の恥辱として長く記憶されることになった。

カール五世の後、息子のスペイン・ハプスブルク家のフェリペ二世が、スペイン王としてネーデルラントを支配した。宗教改革の波は、ネーデルラントにも及び、アントウェルペンやヘントでは商工業者層にプロテスタント、とりわけカルヴァン派や再洗礼派となる者たちが増大した。その結果、ヘントにおいては、一五六六年にカルヴァン派の商工業者による都市支配が一時的に成立することになった。フェリペ二世は、厳格なカトリック王としてカルヴァン派に厳しく対処した。フェリペ二世の派遣した執政パルマ公ファルネーゼによる南ネーデルラントの軍事的制圧により、一五八四年、ヘントは再びカトリックの側に帰属することになった（ヘントの和平）。その後、約一世紀にわたってヘントは、政治的抑圧と経済的衰退の時代を経験したが、オーストリア・ハプスブルク家のマリア・テレジアの統治下（一七四〇―八〇）において、ヘントはその繁栄を取り戻すことになる。

十九世紀に入ると、ヘントでは、亜麻布や木綿をはじめとする繊維産業が発展した。産業革命を大陸ヨーロッパにおいて最初に受け入れたのはベルギーであり、十八世紀末から十九世紀にかけて、産業革命の波はフランドル地方の経済構造を革新していったのである。十九世紀後半には労働運動も盛んとなり、フランスの社会主義思想の影響を受けた労働組合運動（サンディカ）の拠点となった。

また、アール・ヌーヴォーを代表する建築家の一人アンリ・ヴァン・デ・ヴェルデや、フランドル（フランデレン）表現主義を代表する彫刻家ジョルジュ・ミンヌらを輩出し、世紀末の芸術活動においてもブリュッセルと並んで少なからぬ貢献をなした。

ヘント大学は一八三〇年に設立されたが、当初はフランス語のみで講義が行われていた。その後フランス語とオランダ語の併用の時代が続き、長い言語紛争を経て一九三〇年以降はすべてオランダ語で講義が行われるようになった。高等教育におけるフランス語とオランダ語の使用をめぐる言語問題は、ベルギー独立以来今日までつねにベルギーの大きな課題となっている。ブラバント地方のルーヴェン（ルーヴァン）では、一九六八年にフランス語系ルーヴァン・カトリック大学が、十五世紀以来の伝統を持つオランダ語系旧ルーヴェン大学から分離し、フランス語圏のワロン地方に移転して新たに大学都市である新ルーヴァン（ルーヴァン・ラ・ヌーヴ）を建設するに至ったことは、その対立の根の深さを示していよう。

言語（フランス語とオランダ語）、宗教（カトリックとプロテスタント）、そして公教育（カトリック系学校と公立学校）をめぐる問題は、ヘントの歴史の記憶においてつねに存在し続けているといえる。それは独立を果たした近代ベルギーが内包していた国家のアイデンティティ形成の問題でもあり、一九九三年以降連邦制度をとるに至った現在のベルギーの政治の背後にも見え隠れしている。

ヘントの貧民救済

河原 温

中世のヘント（ガン）は十四世紀半ばには人口六万人を数え、アルプス以北の都市としてはパリに次ぐ規模の都市であった。

❶「ヘントのアリン施療院」14世紀　現在は民俗博物館となっている

人口の多くは毛織物工業を中心とする手工業者であり、少数の都市貴族や有力商人を中心とする富裕層と、職人、徒弟、日雇いをはじめとする貧困層との間の経済的格差は、十二世紀以降、大きくなっていった。その時期に、富裕な市民は自身の魂の来世における救いを願い、修道院や教会にさまざまな寄進を行うとともに、それまでもっぱら教会や修道院の手にゆだねられていた貧者に対する救済活動に直接関わっていくことになる。

ヘントでは、十二世紀半ばにまずハンセン病患者のための施療院が都市当局によって設立されたのを契機に、十四世紀までに三十あまりの施療院が設立され、それぞれ一定の数の貧者、病者、巡礼などを受け入れる慈善施設として機能した。そうした施設は、個人の寄進に基づくもの、手工業ギルドが同職のメンバーの救済のために設けたもの、兄弟団によって運営されたものなど、さまざまな市民のイニシアチブに基づいていた。また十四世紀以降になると、施設の専門化が進み、孤児や改悛した娼婦、視覚障害者、精神障害者など、多様なカテゴリーの人びとを個別に収容するようになる。とはいえ、個々の施設の収容能力は限られており、例えば一二四五年のシント・ヨハネ施療院の規約では、わずか二十四名の患者を受け入れることが定められている。また、施設への受け入れの基準は、必ずしも病や貧困の度合いに基づいていたわけではなく、まず「良きキリスト教徒」と見なされることが必要であった。施療院は、礼拝堂や中庭、共同寝室などを備え、都市のゴシック様式の聖堂・修道院建築や、市庁舎・ギルド会館などの壮麗な世俗公共建築に先立って建てられた不特定の人びとのための都市住宅建築として、中世建築史上から見ても興味深いものである。ヘントでは、現在でも孤児養育院（十四世紀半ば）などが復元されて残されている。

　このような施療院とは別に、教区単位で教区在住の貧民にパンや衣類の施しを行った教区貧民救済組織（「聖霊ターフェル」）も、ヘントをはじめとするネーデルラント都市で十三世紀から活動していた。それは地域の有力市民たちによって担われ、教区ごとに独立した組織であって、各教区で数百人単位の家住み貧民を援助した点で注目される。しかし、こうした教区組織による施しはもっぱら教会暦の祝日に沿って行われており、貧困世帯の不安定な家計の一時的な埋め合わせにすぎなかったと考えられている。

　中世の貧民は、富者にとっては来世での自らの魂の救済のために必要な存在として位置づけられていたが、貧民自身の救済が第一に意図されたわけではなかった。中世都市の救貧活動は、その意味でいまだ社会救済としては意識されておらず、貧民自体が社会問題として意識され、救済と同時に統制の対象とされていくのは、中世末期から近世になってからなのである。

❷「聖霊ターフェル」1360年　ヘント　シント・ヤコブ聖堂文書館

第2章 ブルッヘの歴史と文化

ノエル・ヘイルナールト（河原温訳）

初期の定住から十一世紀まで

ブルッヘの歴史の輪郭は、西欧世界の始まりとともに現れる。ガロ＝ローマ時代の定住地は、現在のブルッヘの位置にあった。

この定住地の住民は、農業ばかりではなくブリタニアやゴール地方（現在のフランス）など他の地域とも交易を行っていた。フランドルの海岸部は、紀元二七〇年頃に初めてゲルマン人の侵入の犠牲となり、またガロ＝ローマ地方の定住地も彼らの侵入により大きな打撃をこうむった。三〇〇年頃になると、ローマ人が現在のブルッヘの中心部にあたる位置に軍事的な砦を維持していたと思われる。このことは、ガロ＝ローマ期のブルッヘが初期中世への移行期の間も一定の人口によって維持されていた可能性の高いことを示している。

聖エロワが七世紀半ばにキリスト教伝道

❶ ブルッヘの「鐘楼」

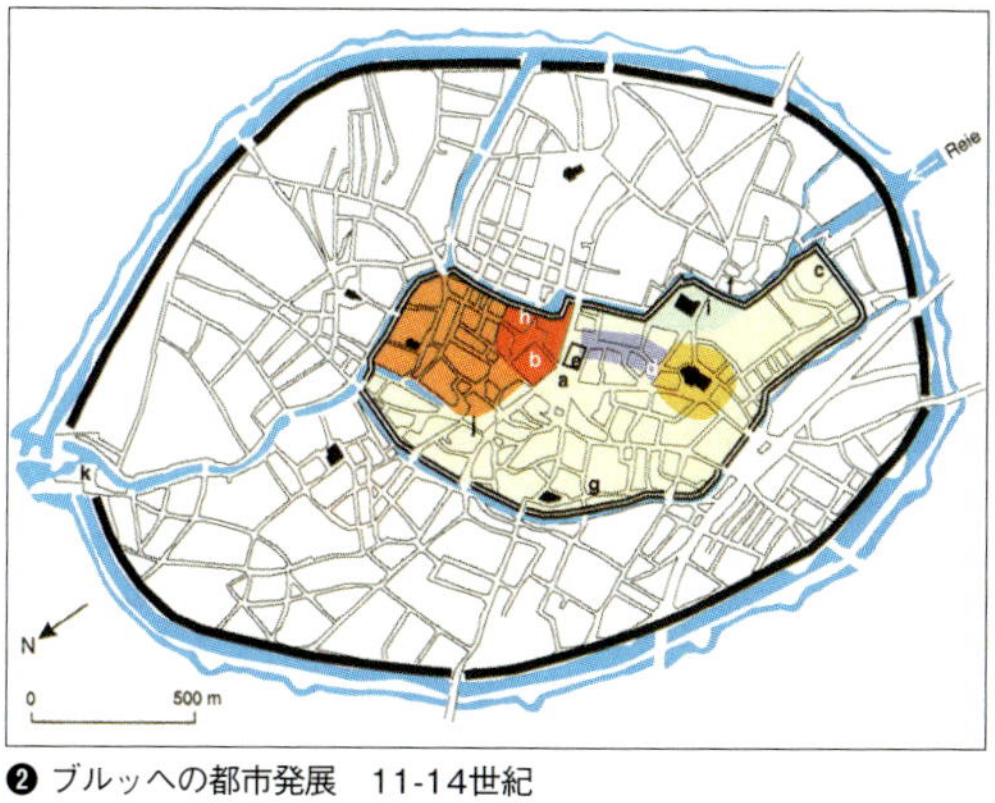

❷ ブルッヘの都市発展　11-14世紀

のためにこの地方にやってきた時、ブルッへはエイゼル川の河口からブルッへまで広がる海岸部の地域の中心地であった。

ブルッへという名前は、実際、古代北欧語の「上陸する場所」を意味するブリギアに由来している。そしてその言葉から派生したブルッギアという名が最初に現れるのは、八六四年から八七五年にかけてブルッへで造られた貨幣である。これらの貨幣は、今日ブルッへのフルートフーズ博物館に展示されている。九世紀半ば頃、強力な砦がすでにブルッへに存在していた。この砦は、現在のブルッへ市内のブルフと呼ばれる場所にあった。フランドル伯ボードワン一世は、おそらくここでヴァイキングの襲撃をくい止めることができたと思われる。なぜなら、九世紀のブルッへは、ヴァイキングの略奪を受けていないからである。それどころかブルッへは当時、ヴァイキングの故地であるスカンディナヴィア地方とまだ商業的関係を維持していたようだ。ボードワン一世の後継者たちは、権力を強固にし、拡大することができた。フランドル伯アルヌルフ一世（在位九一八―九六五）は、ブルフに一・五ヘクタールもある広場を作らせ、その北側にシント・ドナース聖堂（一七九九年に破壊された）を、南側には伯の住居を建てた。

初期の商業定住地と初期中世の港は運河を経て海へとつながっていたが、ブルフからいくらか離れた場所に位置していた。その場所は現在でも行政の中心地区となっている。アウデ・ブルフは、ブルフに沿って広がった第二の住居地の核であった。この地区は、もともとステーン通り――現在はブルッへの主要なショッピング・ストリート――とアウデ・ブルフとして知られている通りとの間にあった。ブルッへの都市の拡大は、ザント地区――現在ブルッへ市内で最も大きい広場となっている――と大広場（フローテ・マルクト）の間で、一一〇〇年頃までに始まっていた。

ブルッへでは、聖救世主（シント・サルヴアトール）聖堂と聖母マリア（オンゼ・リーヴエ・ブラウ）聖堂が最も古い小教区教会である。これらの聖堂は、トゥールネ司教の管轄に属していた。十世紀頃に建てられたと考えられるシント・ドナース教会は、一〇八九年にようやく小教区教会としての地位を与えられたが、その管轄は、ブルフの地域に限定されていた。この教会には、シント・ドナース聖堂参事会があったため重要であった。聖堂参事会は、聖堂参事会員の共同体であり、教会の仕事ばかりではなく、フランドル伯の行政にも関わっていた。聖堂参事会は、一人の長老によって代表されていたが、彼は同時に行政長官という称号を持っていたのである。

国際商業の中心地――十一―十四世紀

一〇五〇年頃までブルッへは、海と直接つながっていた。船舶はブルッへの中心部まで水路を経由して航行することができたため、ブルッへは十一世紀にはヨーロッパの商業センターとなっていた。しかしながら、十一世紀後半にブルッへ北部で行われた土地の干拓事業の結果、海との自然な連結は阻まれることになった。一一三四年のフランドルとゼーラントの海岸部における洪水は大きな被害をもたらし、多くの耕地と生命が失われたのである。

とはいえ、この洪水の結果には利点もあった。ズウィンとして知られる深い湾が作り出されたのである。こうして、ズウィンからブルッへまでの運河が十五世紀に至るまで海とブルッへを結びつけた。しかし海からブルッへまでは、ダム、フック（今ではダムとスライスの間の小さな村にすぎない）、そして今は失われた村モニケレーデ、およびスライス――現在は国境に沿ってオランダ領にある――のような、一連の外港を通過しなければならなかった。逆にこれらの外港は、ある政策によってブルッへに従属し続けることになった。この政策はステープル政策と呼ばれ、ズウィン湾に到着するすべての商品がブルッへに運ばれて販売され

❸「シント・ヨハネ施療院」12世紀　ブルッへ

る前に、小さな船に積み替えなければならないという義務を商人たちに課していたのである。

　このようにして、十三世紀のブルッへは北西ヨーロッパの経済的中心地となった。当時のフランドル伯領はヨーロッパにおいて最も都市化された地域の一つであった。ヘント、イーペル、ドゥエ（現在はフランス領）のような他の大都市は、ブルッへに比べれば、いわゆるフランドル毛織物の生産で有名な手工業都市にすぎなかった。もともとフランドルの羊毛は、海岸部の塩分を含む地域や、いくらか内陸の灌木地帯に放牧されていた地域産の羊の毛が使われており、イングランドから輸入された羊毛が使われるようになったのは、後の時代になってからであった。

　ブルッへは、毛織物の大規模な生産都市でもあった。ブルッへは、ヨーロッパ中にフランドルの毛織物を輸出する国際商業の中心となった。こうしてブルッへは、十四世紀半ばに四万人から四万五千人の人口と富裕な商人企業家層を伴った都市として繁栄する。この当時の人口は、現在のブルッへ市中心部の人口の二倍にあたる。その一世紀前の十三世紀後半に、この都市はおそらく同様の人口規模に達していた。鐘楼やギルド会館、シント・ヨハネ施療院（現在はメムリンク博物館）などの重要な建物は、いずれもこの時代に建設されたのである。

　一一二七年三月二日の早朝、フランドル伯シャルルは、ブルッへのシント・ドナース聖堂での祈りの最中に殺害された。この殺人に前後して起こった一連の出来事は、シント・ドナース聖堂の参事会員であったブルッへのガルベールによって記録されたためよく知られている。フランドル伯シャルルの暗殺者たちは、その後生じた非情な報復行為の犠牲となった。そしてシャルル殺害の後、伯位継承の問題が生じたのである。当初、フランス王の推すウィレム・クリトーが勝利したように思われたが、一年後にヘントとブルッへによって支持されたティエリ・ダルザスが新しい伯となることが決まった。ちなみにシャルルの暗殺の後、すぐにブルッへの市民たちは都市の周囲の防壁を建設したが、それは十三世紀の末まで都市の境界を示すものとなった。

　現存する市内の運河はこれらの囲壁の建設以前に作られ、互いに結びつけられた。十三世紀の人口増加のため、古い囲壁の内部の地域には、もはや誰も家を建てることができなくなっていた。そこで小住宅を伴った新たな地区がこの最古の囲壁の外側に建てられたのである。一二七五年になると、都市の境界は変化した状況に適応し、その地域はさらなる人口増加を視野に入れて拡大された。新たな都市の囲壁は、一二九七／九八年にこの地域を囲む形で建設された。この囲壁が中世のブルッへの基礎となり、現在の都市景観においても明確にその広がりが見てとれるのである。その広さは四百三十一ヘクタールで、外周六、八キロのいわゆる「ブルッへの卵形」を形作っている。

　十三世紀には、人口が増加するにつれて、教区教会とともに新たな小教区が創設された。聖ワルブルハ教区は一二三九年に、聖ヤコブ教区は一二四〇年に創設された。実際、中世から十六世紀までブルッへでは、

❼ ヤン・ヴァン・エイク《アルノルフィニ夫婦像》1434年　ロンドン　ナショナルギャラリー

❹「フローテ・マルクト」大広場　ブルッヘ

❺「市庁舎」14世紀　ブルッヘ

❽ シモン・ベニング《10月 ワインの取引》「時禱書」より 1500年頃 ミュンヘン 州立図書館

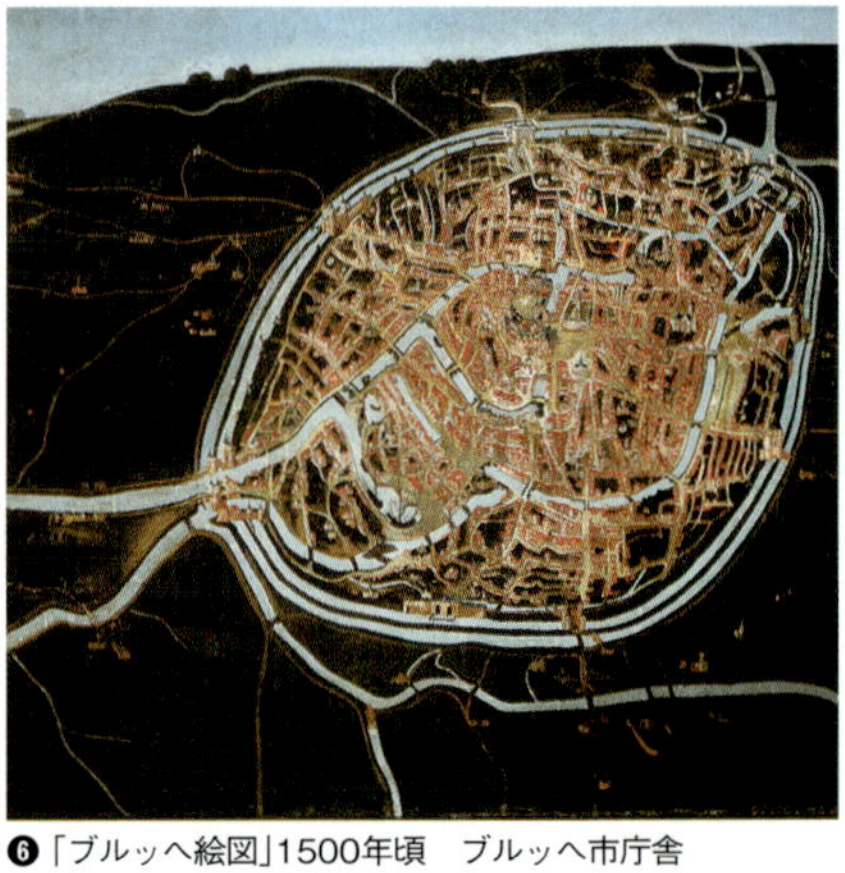

❻「ブルッヘ絵図」1500年頃　ブルッヘ市庁舎

教会建設はずっと続けられた。シント・アンナ聖堂は、中世における最も新しい教会（一四九七）である。

中世ブルッヘにおける権力の共有（一一二七—一三〇二年）

ブルッヘの市民が最初の都市特許状をフランドル伯から獲得したのは、激動の年一一二七年であった。その後ブルッヘには、市参事会を持つ正式な自治を与えられたが、市参事会のメンバーは最も有力な商人たちの中から伯によって選ばれていた。

十三世紀のブルッヘには、フランドルの他の諸都市と同じように、苦境の中で生きている多数の貧しい人びとがいた。賃労働者や手工業者は小さな一間の部屋に住み、何の権利もなかった。一二八〇年の「ムールメイの反乱」のような民衆の反乱は暴力的に鎮圧された。そうした状況は一三〇二年まで変わらなかった。

一二九七年、フランス王はフランドル地方をフランスに併合した。ブルッヘの富裕市民を含め、フランドル諸都市の富裕層である商人の大部分は、フランス側に立った。彼らは、「百合」派と称されたが、それは白百合がフランス王の紋章であったためである。これに対して、当時のフランドル伯ギイ・ド・ダンピエールの支持者は、おもに手工業者たちであり、彼らは伯の紋章である爪を立てた獅子にちなんで「獅子の爪」

❾ 運河と橋　ブルッヘ

❿ クレイセンス《ブルッヘ７つの驚異》1550/60年　ブルッヘ　ウェインハールド修道院

⓫ プールビュス《ヤン・ヴァン・アイヴェルフェの妻ジャックミーヌ・ド・ブック》（部分）1551年　ブルッヘ　市立美術館

派と呼ばれた。

一三〇二年に、両者の紛争は頂点に達した。ピーテル・デ・コーニンクとヤン・ブレイデルの二人がブルッヘへの「獅子の爪」派の指導者であった。彼らは、一三〇二年の五月十八日早朝に、当時ブルッヘを占領し、市内にいた千五百人のフランス兵と「百合」派を殺害した。この事件は、「ブルッヘへの朝課」として知られることになる。二ヵ月後の七月十一日、彼らは、フランス騎士軍をコルトレイク近郊での「金拍車の戦い」で破った。この勝利にちなんで、十九世紀以来フランドルの人びとは七月十一日を祝日として祝っている。ブルッヘは、この戦いにおいて重要な役割を演じたのである。その勝利の結果、手工業者たちは、彼らの大幅な自治権を獲得した。そしてそれに続く新たな都市への特許状により、ブルッヘへの手工業ギルドは、ブルッヘ市政に対する発言権を強化したのである。このことを祝して、一八八七年にブルッヘへの大広場(フローテ・マルクト)の中央に、ピーテル・デ・コーニンクとヤン・ブレイデルの銅像が建てられた。

最も繁栄したフランドル都市(十四—十五世紀)

十四世紀にブルッヘは、四万人を超える人口を持つ豊かな国際商業都市となっていた。南北ヨーロッパからやってきた商人たちは、ブルッヘで出会うことになったのである。彼らは財政的サービスや宿泊などのために、ブルッヘへの金融業者や宿屋を必要としていた。フランドルで作られていた毛織物はいっそう洗練され、依然としてヨーロッパ中に輸出されていた。毛織物についで、あらゆる種類の芸術品生産がブルッヘでは発展した。

とりわけ重要だったのは、ブルッヘには真の銀行家がいたことである。ブルッヘへの銀行家は、商人たちに預金口座を提供した。彼らは両替商でもあり、信用貸付者でもあった。しかもその多くは、イタリア出身者であった。通常のブルッヘ市民は、現金を必要とした時、非常に高い利子をとった質屋に行かねばならなかったが、その質屋もまた伝統的に北イタリアのロンバルディア地方出身者であったことから、彼らはフランドル地方では「ロンバルド人」として知られていた。

こうした繁栄のかたわらで、十四世紀がブルッヘにとって悪しき時代であったことも忘れてはならない。ブルッヘは一三一六年の大飢饉によって打撃をうけ、さらに一三四七—四八年の黒死病(ペスト)によって数千人の市民が死亡したのである。さらに、一三八〇年代の後半にブルッヘとフランドル地方は、政治的騒乱と軍事的暴力の嵐の中にあった。しかし、その時期でさえ、ブルッヘではまだ壮麗なゴシック様式の市庁舎が建設されていた。

一三八四年、フランドル伯ルイ・ド・マールが死亡した。彼の後を娘のマルグリートが継いだが、彼女はブルゴーニュ公フィリップ善良公と結婚していた。その結果、フランドルとブルゴーニュは、一つに結びつけられたのである。フィリップと彼の息子(ジャン・サン・プール)は、依然としてフランスの皇太子としてふるまった。フィリップ豪胆公は、一四一九年に父であるジャン・サン・プールの後を継いだ。そして彼の後継者たちは、フランスとは別の彼ら自身の国家を確立していったのである。フィリップ善良公は、ブルッヘへの公の宮廷(プリンゼンホフ)に定期的に滞在するようになった。

ブルゴーニュ公の宮廷の文化的、芸術的威信は、ブルッヘにおいて最も強く示された。この現象の最も明らかな例は、画家ヤン・ヴァン・エイクの存在であろう。彼はブルッヘでブルゴーニュ公の宮廷画家としてその地位を確立し、一四四一年にこの地で没している。

十五世紀の大部分の間、ブルッヘは第一級の商業都市としての地位を維持した。この都市は富と豪奢の場であった。一四七七年にブルッヘは依然として十四世紀とほぼ同様の四万二千人の人口を有していた。しかし、多くの歴史家たちはブルッヘへの衰退がすでにこの時期に始まっていたと考えている。ズウィン湾の沈泥はこの頃、相当程度進行していたのである。海を航行する大型船舶は、スライスの港で停泊しなければならず、その後、船荷はブルッヘまで別の小型船で運ばれた。またフランドルの毛織物は、十五世紀にはより安価なイングランドやオランダ産の毛織物と競合しなければならなかった。当時、アントウェルペンやアムステルダムが重要な港になりつつあったのである。しかし、ブルッヘはそうした新たな状況に適応していった。毛織物のような伝統的な生産品に代えて、金融業務のほか、奢侈品、祭壇画や銃の生産、彩飾写本などのような付加価値の高い手仕事が中心となったのである。ブルゴーニュ宮廷の存在によって人びとの購買力は増大し、さらにポルトガルからポーランドに至る広範な地域からやってきた外国商人たちとの国際的接触によっても拡大した。私たちは今でもブルッヘを「北方のヴェネツィア」と呼んでいるが、それはブルッヘ市内に張りめぐらされた多くの運河の存在のゆえである。

　ブルッヘの繁栄は、一四八二年のマリー・ド・ブルゴーニュの急死の後に終わりを告げた。マリー・ド・ブルゴーニュの寡夫オーストリアのマクシミリアン一世に対する反乱は、ブルッヘへの繁栄を終わらせ、以後十年以上におよぶ軍事的争いをもたらした。ブルゴーニュ公の宮廷もブルッヘを永久に去った。マクシミリアン一世は、外国商人たちにブルッヘを去るよう命じた。十五世紀末までにブルッヘは貧困化し、人口も減少した。

衰退から「死都ブルッヘ（ブリュージュ）」へ——十六世紀—十九世紀

　十六世紀の間、ブルッヘは部分的には十五世紀末の衰退から回復した。ブルッヘは、もはや西ヨーロッパにおける商業的中心であることをやめ、アントウェルペンにその地位を譲ったのである。しかし、ブルッヘは地域の中心都市としての重要性を維持した。国際商業や芸術品制作の技術は依然としてブルッヘに存在し続けた。以前のジェノヴァ商人の商館は、サージ（あや織）の会館になり、そこでは新しい種類のフランドルの布が販売された。ヘラルト・ダーヴィット、ランスロット・ブロンデル、ピーテル・プールビュスのような画家たちもブルッヘで活動を続けた。一五五九年にブルッヘには新たに司教座が設けられたが、それはブルッヘに新たな重要性を与えた。その頃、プロテスタンティズムもブルッヘでは広範に広まっていた。宗教戦争は、ネーデルラントをまもなく南北に分離させることになる。一五八四年には、スペイン人がこの都市を支配した。ブルッヘの外港スライスは、オランダ人によって占領された。それは、ブルッヘの永続的衰退を意味した。以後、ブルッヘは、ネーデルラントの一地方都市となっていく。

　とはいえ、ブルッヘは依然として国際商業に関心を持っていた。十八世紀後半においても一部の市民は世界的な通商活動に参加し、成功を収めていた。また新しい商品倉庫が市のドックに建設されたことは、経済的回復を示すものであった。ブルッヘは、南ネーデルラントにおける国内水路網の鍵となる場であり続けていたのである。

　しかし、十九世紀に入るとブルッヘは、完全に好機を逃した都市となっていた。一八五〇年頃、五万人の人口のうち四〇％は貧困状態で生活していた。都市のエリートたちはフランス語を公的、社会的言語として用い、他方で読み書きのできない貧困層はフランデレン（オランダ）語の方言を使っていた。その中で、十九世紀の最も重要なオランダ語圏の詩人は、ブルッヘ市民であったヒド・ヘゼレ（一八三〇—九九）である。また、ヨーロッパ文学においてブルッヘは、ジョルジュ・ローデンバックのフランス語で書かれた小説『死都ブリュージュ』によって有名となった。この本はブルッヘを、眠っている死んだような町で、しかしどことなく神秘的な町として描いている。

⑫ ローゼンフード河岸　ブルッヘ

二十世紀における新たな方向

『死都ブリュージュ』が出版された時、ブルッヘはすでに二十世紀の入口に立っており、いくつかの野心的なプロジェクトが始められていた。例えばゼーブルッヘへの港の建設は、一八九五年に始まっており、その開港式典は一九〇七年に行われた。この港は、二つの世界大戦期に苦境に立たされたが、第二次世界大戦後、多くの新たな発展の機会を得た。それに加え、十九世紀の終わりに、ブルッヘではいくつかの新しい産業が生まれた。また、その頃までに、ブルッヘは芸術と観光の都市として有名になった。プロセッション（聖血の行列）、祝祭、展覧会（初期ネーデルラント派の絵画）などが頻繁に組織され、成功を収めたのである。

今日多くの観光客の群れがブルッヘを席捲しており、彼らはブルッヘのモニュメント、美術館、そして何よりも歴史的な都市のたたずまいに強い印象を受けている。一九七一年にブルッヘは周辺の自治体と合併し、今や十一万七千人の人口を持つ都市となっている。この合併により、多くの新たな可能性の機会が生じた。ブルッヘはもはや中世の狭苦しい小都市ではなく、産業や観光において大きな可能性を持った町となっているのである。

⑬ ヤン・ヴァン・エイク広場　ブルッヘ

⑭「聖母マリア聖堂」ブルッヘ

ヘントとブルッヘの写本工房

森 洋子

十五世紀末から十六世紀前半にかけて、注目すべきフランドル美術のジャンルのひとつは、ヨーロッパで画期的な地位を築いた彩飾写本であった。とりわけヘントで写本工房を営んだヘラルト・ホーレンバウト（一四六五頃―一五四一）、ブルッヘで国際的な規模で活躍したサンデルス（アレキサンデル）・ベニング（一四六九―一五一九）と息子シモン・ベニング（一四八三―一五六一）たちは、ネーデルラントだけでなく、ヨーロッパ中の修道院や王侯貴族たちから豪華な彩飾写本（聖務日課書や時禱書など）の制作の依頼を受けた。なかでも著名な写本はベニング親子やホーレンバウトなどが制作に加わった『グリマーニの聖務日課書』（一五一〇頃、図❶）とシモンの工房による時禱書、通称『ゴルフの書』（一五二〇頃、図❷）である。両写本ともとくに十二ヵ月の各月の典礼暦に隣接する、全頁大の季節感あふれる自然表現、貴族の室内外の行事、活力あふれる農民の野良作業の描写は、十六世紀後半のネーデルラント絵画に大きな影響を与えた。また、通称『ゴルフの書』やアントウェルペンのマイエル・ヴァン・デン・ベルフ美術館の『聖務日課書』（図❸）の余白に描かれた子供の遊戯などは、後のブリューゲルの《子供の遊戯》（一五六〇）の先例となっている。

❶ アレキサンデル、シモン・ベニング親子、ヘラルト・ホーレンバウト
《1月　新年の宴会》『グリマーニの聖務日課書』より　1510年頃
ヴェネツィア　サン・マルチアーノ図書館

原則的には聖務日課書が聖職者用、時禱書は平信徒の祈禱用であるが、いずれも羊皮紙や子牛皮紙にミニアチュアで描かれる小宇宙的な絵画空間である。だがそのスケールは雄大で、庭園での若い貴族のカップルの語らいや領主の森での狩猟、農民の月次の労働が描かれている。それは写本によって異なるが、およそ以下の営みが表現されている。一月、貴族や裕福な市民の宴会、二月、暖炉の前で温まる、野外での薪拾いや剪定。三月、貴族の館の造園作業、葡萄の棒仕立てや犂耕と種蒔き。四月、貴族の男女の遊策、羊群の放牧。五月、貴族の鷹狩り、裕福な市民の運河下り。六月、羊の

❷ シモン・ベニング《5月　舟遊び》『ゴルフの書（通称）』「時禱書」より
1520年頃　ロンドン　大英図書館

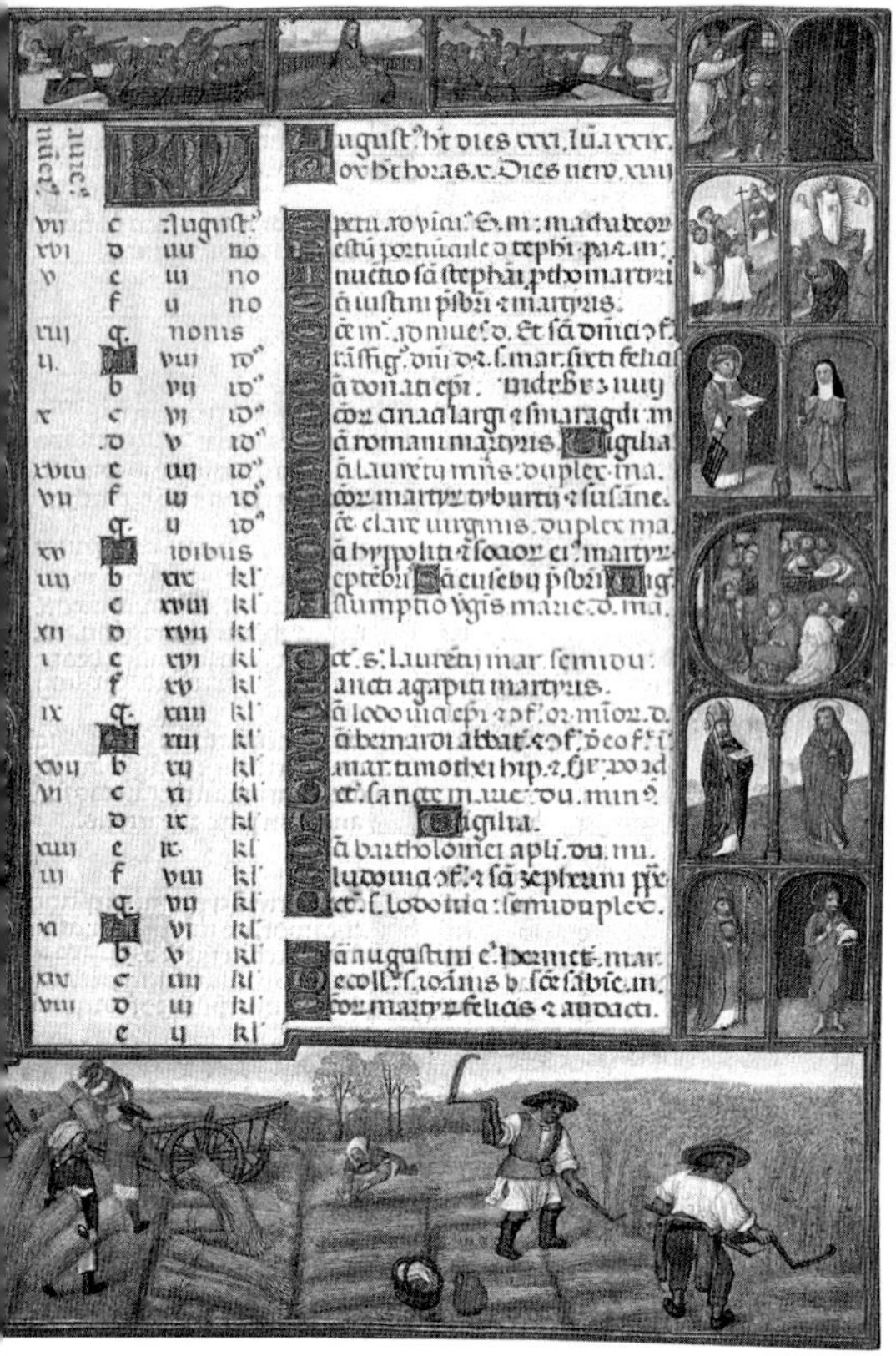

❸ マクシミリアンの画家《8月　穀物の収穫》『聖務日課書』より　1510-20年
アントウェルペン　マイエル・ヴァン・デン・ベルフ美術館

毛刈り。七月、干し草作り。八月、穀物、果物の収穫。九月、犂耕と種蒔き。十月、葡萄の収穫とワイン造り。十一月、森の木の実で豚を肥らせる飼育。豚、牛の畜殺。十二月、豚、牛の畜殺、パン作り。写本には見事な彩色による空気遠近法、貴族の館、階級特有の衣服、日常の生活用品、力強い農民の個性的な表現、農家・納屋などの建物、農具の写実的な再現性が見られ、同時代の他の国々の写本の水準をはるかに凌駕していた。十六世紀のフランドルの写本は従来の余白のための装飾とか文字への依存性から解放され、独立した小画面の絵画となったのである。一五三〇年頃、ポルトガルの外交官・人文主義者ダミアーノ・デ・グースは、とりわけシモン・ベニングをその系列での「最高の画工」と称賛していた。

　フランドル写本は現在、ブリュッセルのベルギー王立図書館、パリの国立図書館、ロンドンの大英図書館、ウィーンの国立図書館、ミュンヘンのバイエルン州立図書館、ニューヨークのピアポント・モーガン図書館など、世界各地の図書館で最も貴重なコレクションとして収集されている。他方、今日でもサザビーズやクリスティーズのオークションで、数世紀間、まったく世に知られていなかった聖務日課書や時禱書が、個人のコレクションから突如、出現することがある。

ベギンホフ

上條敏子

ルーヴェンのベギンホフ

ベギンホフ（蘭 Begijnhof、仏 Béguinage）として知られ、今日ベルギー、オランダに見られる都市の中の一画は、しばしば囲壁によって囲まれ、都市の中に取り込まれながらも独特の雰囲気をたたえた小都市を形成し、市中から隔絶された世界を形成している。そのために、そこに足を踏み入れた者に特別の感情を呼び起こす。だが、一見したところ簡素な家屋が整然と並び、小さな礼拝堂があるほか、これといった特徴もないために、どのような目的でこのような小都市が建設されたのか、ついに理解できぬまま立ち去った観光客がいても不思議はない。この外界から遮断された街区は、おおむね十三世紀に起源をもち、ベギンと呼ばれる「敬虔な女性」のために建設された。そこは女性だけが住むことを許された自立と安らぎの場所であり、ここで女性たちは修道女にも似た衣装をまとい、祈りと労働の日々を送った。

このベギンホフは古くは、観光ガイドなどでベギン会修道院などと訳出されてきたが、正確には修道院ではない。ベギンホフは、教会法上も生活理念も女子修道院とは異なるものを持ち、それゆえに独自の発展をとげたからである。また各地のベギンホフの間には、修道会の場合に見られるような、共通の組織、一人の創立者、協議機関、会則などがなく、それぞれ共同体ごとに女性たちの手で独自に運営されていた。

ベギンと呼ばれる女性は、中世後期のヨーロッパ諸都市においてはごくありふれた存在であり、かつてベルギーのどの都市にもひとつはあったといわれるほどベギンホフは普及していた。今日では、ベルギー、オランダに残されたベギンホフや、北フランス、ライン河流域諸都市の通りの名前にうかがい知ることができるにすぎないが、ベギンの存在は、最盛期には東はポーランドから南はフランスまで、非常に広い範囲にわたって確認され、その広がりと同様、数も相当のものであった。

しかし、ベギンの出現と増加がヨーロッパの比較的広い範囲で見られた現象であり、教皇文書から、一都市の不動産登記簿に至るまで各種史料に痕跡をとどめるなど、同時代人の強い関心のまとであったにもかかわらず、専用礼拝堂を持つ女性専用の居住区が「都市の中の都市」にまで発展したのは、現在のベルギー一帯を含む低地地方に限られた。

このようなベギンホフはなぜこの地域に根づいたのだろうか。低地地方にベギンホフが族生した十三世紀は、カトリック世界が十字軍の熱狂にうかされていた時代であり、ベギンホフの成立を、十字軍に出立した男たちのあとに残された未亡人や娘たちの問題から説明できると考える人びともいる。修道院に入りきれないほどの女性が取り残されたと考えるのである。しかし当時の女子修道院は貴族化の度合いが著しく、加入者には多額の持参金を求めるなど、一般庶民はもとより、富裕な都市民にとっても手の届きにくい場となっていた。都市化の進行と貨幣経済の浸透によって変化しつつあった社会・経済情勢も、所領経営に基礎を置き、厳しい禁域を守りながら修道生活を送る従来の女子修道院にとっての逆風であった。また、教会権威の定める修道女の行動規範や男性による監督の必要性の重視などの新しい傾向も、女子修道院の無尽蔵な増加を事実上不可能にし、修道院制度の枠内で一般の独身女性や寡婦を保護することを難しくしていた。

　ことに女性会員のために寄進された資産によって潤ったプレモントレ会が、結果的には、財政的負担、修道士の規律維持を理由に、女性会員を締め出した前例を見ていた低地地方の人びとは、女子修道院に制度的限界を感じてもいたのであろう。そのような時代にあって財産の放棄や、終生にわたる修道誓願を求めなかったベギンホフは、資産管理を男性の手にゆだねない自主独立の女性の共同体として発展してゆく。

　今日のベルギーを含む当時の低地地方は、ヨーロッパではイタリアとならんで都市化の進んだ先進地帯であったが、その基幹産業が職布産業であったことも、女性の自立の追い風となった。職布はヨーロッパでは初期中世以来女性によってになわれた領域であり、女性たちはこの分野で活躍の余地があったからである。また、教育や看護におけるベギンの貢献はつとに語り継がれるところであり、そうした社会的貢献によってベギンは都市共同体の中で不可欠の役割を担ってもいた。

ディーストのベギンホフ

　ベギンホフは、十三世紀の黄金時代の後、十七世紀に第二の繁栄期を迎えたが、フランス革命防衛軍の支配下に接収されたことを契機として急速に衰退にむかい、二十一世紀を迎えて、さすがに伝統は途絶えた。しかしベギンホフは往時の姿をとどめて各地に保存されており、うち、リール、ディースト、トンヘーレン、コルトレイク、メヘレン、ヘント（スィントアマンドゥスベルヒ、クライン＝ベギンホフ）ホーフストラーテン、ブルッヘ、デンデルモンデ、トゥルンハウト、シント＝トライデン、ルーヴェン（フロート＝ベギンホフ）の十三カ所が一九九八年に世界遺産に登録された。世界遺産に登録されたベギンホフを含め、現存するベギンホフはすべてオランダ語圏にあるが、この地理的偏在の理由はよくわかっていない。一説にはカリヨンの分布とほぼ重なるともいわれ、ベギンホフが人口要因のみによらない地域が育んだ文化であったことを暗示している。

ブルゴーニュ公の入市式

河原 温

十四世紀後半に、ブルッヘをはじめとするフランドル諸都市は、フランスのブルゴーニュ公国による統治下に入った（一三八四―一四七七）。当時、この地の君主となった歴代ブルゴーニュ公が初めて都市へ入城する際に行われたある儀式が、「入市式」と呼ばれるものである。王侯の都市への入市式は十四世紀から盛んとなり、イングランドやフランスでは十七世紀まで行われた。その中でも、ブルゴーニュ公によるフランドル都市への入市式は、迎える側の都市の富にも支えられ、きわめて豪華に行われたイベントであった。ブルッヘでは、歴代ブルゴーニュ公（フィリップ豪胆公からマリー・ド・ブルゴーニュまで）により多くの入市式が行われ、同時代の年代記の中でその華やかさが語られている。入市式は、王侯と都市の間の「統合と合意のセレモニー」だった。

人びとの目に見えるかたちで、ブルゴーニュ公の支配者としての存在を強調し、同時に公を受け入れる都市側の富の豊かさを誇示するものであった。一四四〇年のフィリップ善良公のブルッヘへの入市式では、公の行列を市門で出迎えた市民側は、行列の沿道に設けられたさまざまな装飾や、野外劇や楽士たちによる見世物などでスペクタクルな空間を演出して、ブルゴーニュ公を歓迎したのである。行列の後、宴会や騎士（都市貴族）によるトーナメント（馬上槍試合）も開催され、祝祭は数日間続いた。このような都市と支配者との相互関係の儀礼的確認の行為は、中世の政治史にとって重要な意味を持っていたといえるだろう。

《ブルッヘの広場におけるトーナメント》
15世紀
ブリュッセル
ベルギー王立図書館

第3章

ルーヴェンの町と大学

ウィリー・ヴァンドゥ・ワラ

十世紀以来、ルーヴェンにはルーヴェン伯の居城があった。その子孫はやがてブラバント公と名乗り、所領を拡大するに伴って、ルーヴェンもその威光に浴することとなり、ブラバントの都として認められるようになる。だが、ヤン一世（一二六七―九四）がブリュッセルを居城に選んだため、その後の歴代ブラバント公はルーヴェンから徐々に遠ざかっていった。しかし、ルーヴェン市民がその栄光ある地位を何の抵抗もせずに手放してしまうはずはなかった。

ルーヴェン大学創設の由来

やがて、アジャンクールの戦いで没した父君の後を継いだヤン四世の治世（一四一五―二七）になると、ルーヴェンにとってかつての威光を取り戻す絶好のチャンスが訪れた。わずか十二歳のこの幼き領主が擁立されるや、公は権力を制限され、階級議会の権力を拡大する動きが活発になったので、ルーヴェンもその機運に乗じた。ちょうどその時期に、大学の設立が構想されたのである。第一段階として、ルーヴェンはシント・ピーテル聖堂参事会の古典注解者を団長とする使節団を、ローマへ派遣することにした。一行は高額の謝礼と当局の保証書を持参し、教皇マルティヌス五世に謁見して、大学創設の勅許のみならず、卒業生にはキリスト教圏内ならどこでも教壇に立てる資格を授与するという権利の認証を得た。こうした高等教育機関の新設により、古典注解者側は、教会参事会の従来の教育独占権とその収入源を脅かされることを十分に察知した。そして自らを学長に任命できる特別な条項を勅書に盛り込むよう工作し、この要請が受理された。時は一四二五年であった。行政官が高額な謝礼の出費を惜しまなかったのは、ルーヴェンが経済構造の再編に成功し、かつての繁栄を取り戻しつつある時期であったからである。現在もなお数多くの観光客を瞠目させるゴシック様式の市庁舎やシント・ピーテル聖堂の新築に着手したのも、この頃であった。ほどなくこれらの荘厳な建物が完成し、中央広場に臨んでいる壮観は、実に「都」の偉容にふさわしいものがあっただろう。

しかし大学創設に関して使節団のすべての要請がかなえられたわけではない。文学部、法学部、カノン（教会）法学部、医学部の設立は認められたものの、中世の大学の中核ともいうべき神学部の設立は当面先送りにされてしまった。大学創設と前後して、ブラバント公国はブルゴーニュ公国に併合され、ブリュッセルがこの大国の都となる。ここに、ルーヴェンは中心地として返り咲くという積年の宿望をついに断念し、一四三四年に街区内にあった宮殿を取り壊してしまった。これ以降、ルーヴェンという町は、大学との運命共同体として新しい道を歩んでいくことになる。

繊維業がルーヴェンの経済繁栄の基礎だったが、一三四〇年以降、英国への羊毛輸出が制限されたため、次第に衰退していった。いわゆるリストラに迫られた街は、手袋や高級衣類などの生産品を特産化することによって、かつての繁栄を回復しようと試みた。当局が一四三二年に反物取引所の一部を大学に貸与したのも、その経済的変

「ルーヴェン大学図書館」　ウィリー・ヴァンドゥ・ワラ撮影

遷とは無関係ではない。商取引と学問が同じ空間で行われることは、学生にとって必ずしも理想的な環境とはいいがたい。しかし驚くべきことに、大学当局がその建物全体の買い上げを決定するのは、一九七九年まで待たなければならない。これが現在の大学本館である。

旧制時代の大学は官憲の手が及ばず、自ら裁判所を営む権利も持つなど、多種多様な特権を享受する独立した共同体であった。裁判の審判は学長の重要な任務の一つであった。

中世には、中央図書館を擁した大学はなかった。学生も、教授が書いた論文や口授した内容の筆記ノート以外は、ほとんど本が要らなかったからである。中世の教養レベルは今の初等教育に近いものであった。だがルネサンス期になると、古代ギリシャ・ローマにならって、図書館は学問の拠点として位置づけられるようになり、イタリアをはじめ、各地で図書の大きなコレクションが生まれる。また新教の風潮に触発され、ドイツやオランダのいくつかの大学では付属図書館を設置する機運が生じていた。こうして十八世紀に入ると、図書館はまさしく大学の「宝」と呼ぶべき存在となる。

旧制大学ではカレッジが不可欠である。カレッジとは、裕福な有志が発起人となって奨学金や運用資金などの寄付を行い、発起人の同郷者、特定の地域の出身者、経済的に恵まれない学生などを受け入れる施設として発達したものである。十七世紀半ばまでにルーヴェン市内には、すでに四十ヵ所のカレッジが散在していた。自前の図書室を誇るカレッジも相当数存在した。だが、十八世紀にフランス革命軍がベルギーを侵略して占領政権を樹立すると、大学は廃校となり、図書館をはじめとするカレッジの資産は押収され、散逸することとなってしまった。

人文主義者と印刷業

大学の町は、次第に印刷業が発達することになる。十五世紀にはすでにルーヴェンに九軒の印刷工房があり、この頃だけでもおよそ二百冊近くの学術書を刊行した。最も有名な印刷屋は、ネーデルラントで初めての印刷に成功したアールスト市出身のディルク・マルテンス（7頁参照）であった。彼は十六世紀初頭にルーヴェン市内で開業し、エラスムス（一四六六―一五三六）をはじめ一連の著名な人文主義者の著作を印刷刊行した。かのトマス・モアの名著『ユートピア』初版（一五一六年）もやはり、マルテンス印刷工房で上梓されたものである。

人文主義は十三世紀末のイタリアに発祥したが、その影響は十四世紀から徐々に他の西欧諸国へと広がっていく。他方、フランドルなどから若手の学者がイタリアへ留学し、本場の学風に薫陶されるものも少なくなかった。さらにブルゴーニュ公の宮廷にはイタリアの碩学たちが出入りしており、宮廷関係者の斡旋でルーヴェン大学に紹介され、ついに教鞭を執る学者もいた。

ルーヴェンに最も深い足跡を残した人文主義者は、エラスムスであった。彼の推奨もあって、一五一七年には中世以降の注釈書を破棄し、ラテン語とギリシャ語とヘブライ語、すなわち原典の言語を通じて聖書を研究する機関として、いわゆる「三語学院」が設立された。これは当時としては他に類を見ない学堂として注目され、パリのコレージュ・ド・フランスの規範とされたほどの、近世ヨーロッパにおける文献学のさきがけの一つといってよい。

ほぼ同時期には、エラスムスとも肩を並べることのできる人文主義者フアン・ルイス・ビベス（一四九二―一五四〇）が、母国スペインから亡命してきて、ブルッヘとルーヴェンで活躍していた。彼は公共交通手段の無料利用や社会保障の原理を祖述した。最初の社会心理学の論文を書いたのもビベスで、中世には軽視されていた「笑い」という現象について『デ・アニマ・エト・ウィータ』という論文を一五三八年に著した。後世に、この論文に触発されてデカルトは『情念論』を書いたのである。

こうしてネーデルラントにおける人文主義の拠点となった「三語学院」の学問は、ただ言語学にとどまらず、方法論の革新をも図る学堂として、やがて他の分野にもその学風を広げた。解剖学の元祖アンドレアス・ヴェサリウス、本草学の双璧カルロス・クルシウスとレンベルトゥス・ドドネウス、三角法を発明したゲンマ・フリジウスとその弟子で、メルカトル図法で知られる地図学者ヘラルド・メルカトルなどは、大学が輩出した優れた人材である。カール五世の侍講となったユストゥス・リプシウスは、西欧に初めて新しい禁欲論を紹介した学者として知られている。また『タキトゥス文集』『セネカ文集』など、ラテン語の古典文集の彼の校訂版は、現在も高く評価されている。リプシウスはルーヴェン大学における人文主義の頂点といえる。

一方、こうして欧州有数の名門に列したルーヴェン大学が宗教論争の渦中に置かれることになるのは、当然のことであった。一五二二年に、神学部の教授が教皇ハドリアヌス六世として選任されたことは、当時の大学がキリスト教世界において占めていた役割を物語る。彼は歴代教皇の中で唯一のユトレヒト出身者であったし、またルターの説いた提題を最初に反駁したのも、同じ神学部の数人の教授たちであった。十六世紀を通じ、ルーヴェン大学の神学者たちによる新教（プロテスタント）への論駁は連綿と刊行された。キリスト教の保護者をもって任ずる帝王カール五世によって、大学はまさに西ヨーロッパに広がりつつあったプロテスタントとの戦いの先鋒に利用された。ルーヴェン大学の神学者たちが編集したカトリックの神父専用の聴解例文集（告解のマニュアル）は、カール五世の勅諭により帝国全土にわたって神父たちの必携が義務づけられた。皇帝が一五四六年に公布した最初の禁書令もルーヴェンの神学者が編集したものであったが、後にローマ教皇の禁書令の規範とされた。さらに、対抗宗教改革運動の教義的な基礎を敷設したトレントの公会議においても、ルーヴェン大学の神学者たちは重要な発言権を持っていた。

しかし、このようにカトリックの牙城の役割を負わされたルーヴェン大学は、プロテスタントに傾く学者を疎外したため、優秀な人材を失ってしまうという結果を招いた。その反面、ルーヴェンはプロテスタントの諸国で迫害を受けたカトリック教徒が亡命して庇護を受ける拠点ともなった。イングランド、スコットランド、アイルランドやオランダから逃亡したカトリック教徒は、彼らのために設立されていたルーヴェンのカレッジに受け入れられ、司祭として育成されたのである。

こうした亡命者の中でも、以下に述べるオランダ出身のコルネリウス・ヤンセン（一五八五―一六三八）は、特筆すべき存在である。

ここで、プロテスタントに対する防衛の砦だったイエズス会についても説明しなければならない。この修道会は、海外への活発な布教活動を行いつつ、ヨーロッパ内では教育、学問など多方面で活動していた。ルーヴェン市内にあったイエズス会のカレッジは、従来の大学の教育独占権を打破するという宿願を抱いていた。だが、神学部の碩学ヤンセンがスペインの王宮へ参上し、そのイエズス会の抱負を挫折させたのを契機に、大学とイエズス会は犬猿の仲となった。さらに教義の面でも意見が大きく分かれたので、ヤンセンが撰述したアウグスティヌスについての特異な解釈はイエズス会の攻撃の的になり、ついに教皇もこれを異端として排斥するに至った。この過程を経て論争はさらに激化し、十七世紀を通じてフランスをはじめ、カトリック諸国に大きな波紋を投げかけることになる。ヤンセンの大著はルーヴェン大学史の中でも最も話題になった著作物の一つであった。

「三語学院」で培われた新たな学風は、十七世紀に入ってからデカルト学説と融合して近世科学発達の礎となった。だがデカルトの思想をめぐっては教授陣の意見が大きく割れた。とくに神学部の教授は、デカルトの機械論がカトリックの聖体実質変化に関する教義を根本から脅かすものと懸念し、強く抵抗していた。しかし一六六〇年以降、文学部は徐々にデカルト哲学をもカリキュラムに組み込んでいき、やがてヨーロッパの中でも最も積極的にデカルト学説を展開する拠点となった。

十八世紀に入り、啓蒙主義および合理主義が無神論＝反宗教思想と結びつくようになると、大学は守旧思想の拠点として烙印されるようになった。ついに同世紀末、フランス革命の理想を掲げるフランス占領政権によって廃校されるに至ったのである。

最後に、ルーヴェンの歴史にとって重要な二つの建築について挙げねばならない。市庁舎は火焔様式（フランボワイヤン）を特色とするブラバント・ゴシックの代表的な建築である。もう一つは前述したシント・ピーテル聖堂で、ここにはディルク・バウツの祭壇画《最後の晩餐》がある。

中世美術の傑作——リエージュのサン・バルテルミ聖堂の洗礼盤

ハンス・ニュードルプ（森洋子訳）

❶《洗礼盤》11世紀または12世紀　真鍮
リエージュ　サン・バルテルミ聖堂

ロマネスク時代、ムーズ地方はあらゆる種類の金属芸術に優れていた。金、銀、銅にはしばしば見事にエナメルが焼き付けられ、傑作を生み出し、それらの作品はヨーロッパ中で評判となった。最も優れた作品の一つはリエージュのサン・バルテルミ聖堂の洗礼盤（図❶）であり、まさしくロマネスク芸術の最高峰の一つと考えられている。元来は大聖堂の隣にある、小さな聖堂の洗礼盤として使われたが、ヘリヌス司祭の注文で一一〇八年と一一一一年の間に制作された。この聖堂は十八世紀末の革命の余波でフランス軍によって破壊されたが、洗礼盤のほうは教区の信徒たちによって適切な時期に救済され、破壊から免れた。洗礼盤の蓋のみは行方不明である。蓋は彫像によって飾られていたが、洗礼盤を支えていた十二頭の牡牛の二点とともに、革命時に紛失してしまった。

円形の洗礼盤には高浮彫による五つの情

景が表現されているが、それらはキリストの洗礼の主題とその物語である。ラテン語のテキストはこれらの情景を記し、個々の人物像を特定している。第一は説教する洗礼者聖ヨハネ、第二は聖人による告解者たちの洗礼、第三はキリストの洗礼で、これは父なる神の御手と聖霊の鳩が加わる霊的な洗礼である。第四は聖ペテロによるローマの百人隊長の洗礼で、キリスト教が俗界と時の権威筋にも布教したという事実を象徴している。第五は福音書記者聖ヨハネによるギリシャの哲学者クラトンの洗礼で、教会があらゆる民族のために霊的なメッセージを与えたことを象徴している。洗礼盤を支える牡牛たちは十二使徒を表し、彼らはキリストの言葉を世界の四つの辺境地に伝える使命を担い、信仰を受け入れるすべての人びとに洗礼を施したのである。と同時に、十二使徒はソロモンの神殿で、「青銅の海」として知られる水盤を支える十二頭の牡牛を意味している。

　洗礼盤の図像は、その時代の傑出した神学的、学問的、霊的なコンセプトの証しである。と同時に、この作品は技術的な観点、芸術的な水準からみても、ムーズ地方における無比のものである。この洗礼盤を金工師ルニエ・ド・ウイに帰属しても、この例外的な質の高さの秘密を解くことにならないだろう（ウイはリエージュからそれほど離れていないが、ムーズ渓谷の重要な都市名）。というのも、当のルニエの彫刻はこの作品以外に知られていないからである。近年の研究者の主張によると、洗礼盤の作者は古代およびビザンティン美術の広範囲な知識の持ち主という。実際、多くの細部や形態を見ると、西ヨーロッパ帝国と十分な関連をもつビザンティン帝国からの美術上の源泉を指摘できるのである。こうした観点から、近年、研究者たちは洗礼盤が一〇〇〇年頃のビザンティン時代の作品で、十二世紀初期に司祭ヘリヌスがリエージュの聖堂のためにローマ経由で輸入したという見解を提唱した。あるいはムーズ川流域にいたコンスタンティノープルの金工師がこの洗礼盤の制作に参加したのではという推論もある。作者の問題は依然として論争中である。いずれにせよ、この作品がその時代の最も優れた芸術作品であり、ロマネスク時代において、ムーズ地方のあらゆる芸術に決定的な影響を与えたという点は強調されなければならないだろう。

ミゼリコルディア——民衆文化の宝庫

森 洋子

　ベルギーでは、都市の中心部にそびえ立つ大聖堂だけでなく、地方の教区聖堂にも胸をときめかせる民衆文化がある。それは「ミゼリコルディア」といって、多くは隠れた場所に備えられている彫刻群である。聖堂の内陣（ミサが挙行される場所）で修道士たちが座る椅子の裏面に、諷刺、諧謔、笑いを誘うしぐさ、日常的なエピソードなど、ごく身近な主題が彫られている。これらの彫刻は折りたたみ式椅子を上にあげると見られるのだが、愛好された主題は諺、民衆のスポーツ、農民の月暦の野良仕事、夫婦喧嘩、怪物（図❶）や妖怪、悪魔めいた仮面、民間伝承、道化などである。

　広義には椅子の裏面だけでなく、手摺り、壁面の羽目板、横並びになった椅子の両端の彫刻などに対しても、ミゼリコルディアという。ここには聖書の主題も登場する。ミゼリコルディアが作られた根拠は、老齢ないし病弱な修道士が長時間にわたるミサの間の起立が困難な時、彼らが立ちながら腰を支えられる小坐部が必要とされたためで、これに「慈悲」（ミゼリコルディア）というラテン語が与えられた。聖堂という厳粛な空間であるにもかかわらず、工人たちは「臀部の下」の彫刻ということで、一種の解放感をもって自由に制作したのであろう。

アントウェルペンからオランダの国境に向かって三十キロほど離れたホーフストラーテンのシント・カタリーナ聖堂には、ベルギーの代表的なミゼリコルディア（一五四八以前）がある。棟梁・彫工アルブレヒト・ヘルメルスが彫った百四十体の彫刻のうち、五十体が諺や成句であることも注目に値する。《指の間から見る》（罪を見てみないふりをする、図❷）がその好例。アールスホットの聖母マリア聖堂の《かまどと競って大口を開ける》（自分の能力を過信し、不可能なことを実行する、図❸）も、当時のよく知られた諺であり、後者の二彫刻はピーテル・ブリューゲルの《ネーデルラントの諺》（一五五九、ベルリン、国立絵画館、61頁図⓬）にも描かれている。アールスホットには、《犬を手押し台に乗せる農民》（元来、荷車を持たない貧しい農民は犬に荷物を運ばせていたが、ここでは主従関係が逆転）といった「倒錯した世界」のミゼリコルディアがあったり、ワールクールのサン・マテルヌ聖堂には《鳥に説教する狐》という聖職者への手厳しい諷刺がある。説教に見せかけて、鳥を襲う狐の悪知恵に、民衆を騙す偽予言者や悪徳の托鉢修道士への諷刺を読むことができよう。

ミゼリコルディアはベルギーだけでなく、フランス、ドイツ、イギリス、スペインなどの北ヨーロッパの各地の聖堂に豊富な作例が見られる。時にはルーアン大聖堂の九十以上のミゼリコルディアに、明らかにフランドルの工人が彫ったと思われる彫刻がある。というのもフランドルの諺、例えば、「豚に薔薇を撒く」とか「ズボンの奪い合い」（夫を支配しようとする妻）が見出されるからである。ネーデルラント（ベネルクス三国と一部の北部フランスの旧称）ではミゼリコルディアの表象世界がヒエロニムス・ボスやブリューゲルの風俗画や寓意画、また十六世紀後半の民衆版画の着想源となっている。こうしてみると、諷刺、教訓、笑いに富むミゼリコルディアの世界は、まさに隠れた民衆文化といえよう。

❶ ヤン・ボレマン《怪物》15世紀末　ミゼリコルディア　ディースト　シント・スルピティウス聖堂

❷ アルブレヒト・ヘルメルス《指の間から見る》1532-48年　ミゼリコルディア　ホーフストラーテン　シント・カタリーナ聖堂

❸ ヤン・ボルフマン（帰属）《かまどと競って大口を開ける》1510-25年　ミゼリコルディア　アールスホット　聖母マリア聖堂

ネーデルラントの彫刻芸術の伝統

ハンス・ニュードルプ（伊藤里麻子訳）

十五世紀

ネーデルラントの彫刻は、十五世紀に最盛期を迎える。その後、聖堂彫刻の中心は、聖堂の外壁から内部空間の装飾へと移行する。その結果、聖堂の装飾に重要な発展と新しい形態が生じた。石の彫刻に代わって、木彫が重要なものとなってきたのである。フランドルにおいてゴシック後期に起きたこの新しい形態は、時代的にイタリアのルネサンスと重なるが、ルネサンスの古代復興にも劣らない革新であった。

この時代の木彫として、彫像を除くと、祭壇彫刻と祭室用の椅子（ミゼリコルディア）（43頁参照）があった。石の彫刻は墓碑と葬礼記念碑が引き続き制作されるが、それもしだいにブロンズに代わられるようになる。アントウェルペンの大聖堂にあるイザベラ・ド・ブルボンの墓碑、ブルッヘの聖母マリア聖堂にあるマリー・ド・ブルゴーニュの墓碑（図❶）などが、その例である。

❶ レニール・ヴァン・ティーネン《マリー・ド・ブルゴーニュの墓碑》1481-89年 ブロンズ　ブルッヘ　聖母マリア聖堂

十五世紀には、キリスト教の主題により物語のように、キリストの生涯や聖人伝を展開する複合的な構成を持つ優れた彫刻作品も作られた。この時代の作品の特徴は、主題はキリスト教でありながら、日常生活の現実世界が、聖なる世界と区別なくいきいきと描写されていることである。

祭壇彫刻は、教会の祭壇崇敬のために制作され、聖堂内の祭室の中心に置かれる。ネーデルラントで好まれた題材は、キリストの受難と聖母マリアの生涯の二つであった。劇場のような背景をバックに、現実そのものの情景が物語を演じているかのごとくに配されている。実際の建築のミニチュアのようなケースに彫刻が設置されていて、モニュメンタルな性格を帯びている。このケースには、彩色あるいは彫刻のある扉がついていることもあり、幕のように開閉する。このタイプの祭壇は十五世紀に非常に愛好され、ブリュッセルとアントウェルペンで大量に生産され、ヨーロッパ中に輸出された。とくにドイツ、フランス、スペインで人気が高かった。ベルギーではこうした祭壇の多くは後世に新たなものと代わられた。しかし、ザウトレーウのシント・レオナルドゥス聖堂、ヘールのシント・ディンフナ聖堂では、オリジナルな状態で祭壇が残っている。

新しい種類の聖堂内の装飾は、聖体を入れる聖体塔で、教会建築を模した石造物である。建築家マテウ・デ・レイエンスは、一四五〇年にルーヴェンのシント・ピーテル聖堂のために、非常に迫力ある作品を制作した。

十六世紀

十六世紀にはゴシック様式は徐々に消滅し、イタリア・ルネサンスの影響が現れてくる。いきいきとした現実描写も敬虔な信仰心の表現も姿を消し、代わって理想化した調和のとれた形態が現れ、建築装飾の役割は非常に重要になってくる。

　内陣障壁は、聖堂の祭室と身廊とを隔てる目的で使用されるものであり、建築装飾と彫刻の二つの目的を持っている。リールのシント・フマルス聖堂の内陣障壁（図❷）は一五三〇年の制作であるが、まだ前世紀の様式に従っており、木彫の形態を借りている。しかしその少し後に、イタリア・ルネサンス様式が広まった。モンスの彫刻家ジャック・デュ・ブルックによるさまざまな色大理石を用いた作例などがある。

　やがて、アントウェルペンの建築家コルネリス・フローリス・デ・ヴリント（一五一四―七五）が創り出した、フランドル・ルネサンスの独特の様式が流行した。彼の手になるザウトレーウの聖体塔（図❸）は九階建てで十八メートルある。カリアティード（人像柱）ほか、隙間なく彫刻が施され、この独特の「フローリス・スタイル」が広まっていくことになる。彼の作になるトゥールネの大聖堂の内陣障壁（一五七四）は、聖堂装飾におけるフランドル・ルネサンスを代表する作品である。建築と彫刻を新しい方法で一体化したこの作品は、その後、

❷「内陣障壁」1530年　リール　シント・フマルス聖堂

❹ ペーテル・ヴェルブルュッヘン1世《聖母と幼子イエス、二人の天使、聖ヨゼフ》1658年　木彫　アントウェルペン　シント・パウル聖堂　© Raymond Sirjacobs

❸ コルネリス・フローリス・デ・ヴリント「聖体塔」1552年　ザウトレーウ　シント・レオナルドゥス聖堂

この地方をはじめ外国の芸術家にも影響を与えた。

十七―十八世紀

バロック時代は、最も聖堂の装飾が盛んであった。古いゴシック様式の聖堂の多くがこの時代に改装され、まったく新たにバロック様式の彫刻と調度に変えられた。ゴシックの建物にバロックの装飾というのが、ベルギーの多くの聖堂の顕著な特徴であるといえる。

その理由には、強力な対抗宗教改革の潮流の影響が挙げられる。これは、プロテスタントに対抗したカトリックの活動であり、宗教美術の再興と隆盛をうながし、聖堂の装飾に新たな様式をもたらした。木彫がふたたび復権するが、もはや彩色や黄金を施されることもなかった。かつて以上に、モニュメンタルな壮大さが何ごとにも必要とされた。宗教改革に対するカトリック精神の勝利を顕示するためである。

新しい形態の聖堂装飾も生まれた。対抗宗教改革では、聖体拝領などの秘跡が重視されたためである。まず聖堂の中央には、どこからでも見える位置に説教壇が置かれた。そこに大きな彫像が置かれ、階段と天蓋が付く。全体に彫刻が施され、装飾は過剰なまでになされている。アルトゥス・クウェリヌス（一世）（一六〇九―六八）は、リールのシント・フマルス聖堂の説教壇を作った。メヘレンの大聖堂には、彼の甥のアルトゥス・クウェリヌス二世（一六二五―一七〇〇）作の見事な自然主義的なモティーフの聖餐台がある。アントウェルペンのシント・パウル聖堂（図❹）の一連の見事な告解聴聞席はペーテル・ヴェルブリュッヘン一世の手になる。それは壁に沿ってずらりと並び、その空間を宗教的な物語が展開する舞台へと変換している。

写実的伝統が消滅したわけではないが、建築的なモティーフは、次第に控え目になっていった。すると、自然の形態がより重要になり、想像的な場面が設定されるようになる。その好例がテオドール・ヴェルハーヘンの制作した、メヘレンのハンスウェイクの聖母聖堂の説教壇（図❺）である。ここでは階段は樹木そのものになり、天井には葉が繁り、下部は岩場になっている。

多くの芸術家が聖堂の家具に携わり、しばしば共同で制作した。説教壇も告解聴聞席も聖餐台も最近まで使われていたものが多いため、彼らの作品を見る最も良い場所は聖堂である。これらの作品はベルギーの聖堂内部の典型的な要素となっており、バロックの無数の彫刻家の偉大な才能を知るよい機会と場所を提供しているのである。

❺ テオドール・ヴェルハーヘンによる「説教壇」 17世紀 メヘレン ハンスウェイクの聖母聖堂

第4章

十五世紀ネーデルラント美術

荒木成子

十五世紀になると、フランドルを中心とする地域がイタリア・ルネサンスに匹敵する「新しい絵画」を生み出し、ヨーロッパ美術において重要な役割を果たすことになる。中世的な宗教画の世界から近代へと通じる写実主義が花開いたのである。すべてを詳細に描き出すその驚くべき力は、この地で完成された油彩画の技法と深く関わっている。描写への意欲がこの技法を発展させ、同時にこの技法が精密な描写を可能にしたといえるであろう。

ロベール・カンパン（一三七八／七九—一四四四）の《メロードの祭壇画》（一四二五—二八頃、図❶）を見てみよう。受胎告知が行われているのは、フランドル市民の住居の一室である。春の訪れですでに火を落とした暖炉の前には長いベンチが置かれ、窓のある奥の壁には水差しとタオルが見える。テーブルの上には百合を活けた花瓶とロウソク立てが置いてある。白い百合と水差しとタオルは聖母の処女性の象徴であり、その他の物にも象徴的な意味が読みとれる。しかしそのような意味を問わなくても、この部屋の様子を仔細に眺めながら、聖なる出来事をあたかも眼前に起きているかのように実感することができる。右翼部のヨセフの工房からは人びとの行き交う町の広場が見おろされ、左翼部の庭には寄進者夫妻がうやうやしくひざまずく。宗教的な主題は現実の環境の中に置かれ、室内や戸外の空間は奥行きをもって広がり、そこに満ちる光や空気が見事に感じられる。

この革新的絵画は代表的な地域の名を借りて「初期フランドル絵画」、あるいはより広い地域の名を借りて「初期ネーデルラント絵画」と呼ばれる。十四世紀末以降、ネーデルラントはブルゴーニュ公国の領地となったが、もともと都市が発展して経済的に豊かであったため、フィリップ善良公は一四一九年にフランスのディジョンからこの地へと本拠地を移した。ネーデルラントは十四世紀から多くの優れた美術家を輩出していたが、彼らはパトロンとの出会いを求めて、パリへと向かった。いわば出稼ぎに行ったわけだが、宮廷の移動とともに、強力なパトロンが地元に存在することになり、ブルッへやその他の都市で美術活動が可能になったのである。

精密な写実主義の成立の過程は謎に満ちている。ヴァン・エイク兄弟の弟ヤン（一三九〇頃—一四四一）は一四二二年から二五年までホラント伯の宮廷画家を務め、次いでブルゴーニュ公の宮廷画家となり、ブルッへを中心とするフランドルで活動を始めた。トゥールネではロベール・カンパンがそれに先立つ一四一〇年代から活動し始めている。ヤンの兄ヒューベルト（一四二六没）は優れた画家であったと記録されているが、その画業についてはほとんど何も知られていない。ヤンが修業時代を送った場所も不明である。彼がホラント伯時代に描いたという『トリノ＝ミラノ時禱書』の写本挿絵から油彩の板絵への道はどのように続いているのだろうか。ヤンとカンパンのどちらがこの「新しい絵画」の創始者としての栄誉を与えられるべきなのか。謎は複雑に絡み合って解けない。

《神秘の子羊（ヘント）の祭壇画》（図❷、❸）は額縁に銘文があり、それによると兄が制

❶ ロベール・カンパン 《メロードの祭壇画》 1425-28年頃
ニューヨーク　メトロポリタン美術館

❷ ヴァン・エイク兄弟 《神秘の子羊（ヘント）の祭壇画》（外面）

作を始め、その死後に弟ヤンが引き継ぎ、一四三二年に完成した。当初の設置場所であるヘントのシント・バーフ大聖堂に今も残り、多くの鑑賞者が訪れる。この巨大な祭壇画は同市の有力な市民ヨース・フェイトの注文によるもので、夫妻の肖像は守護聖人像や「受胎告知」とともに外面に描かれている。祭壇画を開くと内面は色彩やかな天上の世界である。神秘の子羊を中心に最後の審判後の新しきエルサレムに数多くの聖人が集い（下段）、聖母と洗礼者ヨハネを伴うキリスト（神）が君臨する（上段）。両端に立つアダムとエヴァの裸体像は、弟ヤンが描いたと考えられる。この裸体はマザッチオのアダムとエヴァとほとんど同時期に描かれた。イタリアの運動体としての人体表現に対して、北方の画家はあくまで触覚的な外観（皮膚や毛）の精密な描写に専念する。

ヤン・ヴァン・エイクの《ヴァン・デル・パーレの聖母》（一四三六、図❹）は参事会員ヴァン・デル・パーレのヴィジョン（幻視）を表している。ひざまずいて祈禱書を読んでいると、眼前に玉座の聖母子が現れて、彼の祈りを聞き届ける。聖ドナティアヌス（左）の錦織の祭服は布の重さでずっしりと垂れ落ち、聖ゲオルギウス（右）のよろいは光を反射してきらめく。背負う盾の曲面には画家ヤン自身の姿が小さく映っている。

《アルノルフィニ夫婦像》(一四三四、28頁図❼参照)でも、奥の鏡の中に画家の姿が映っていた。ヤンは誇りをもって自らの姿を鏡や金属の反映の中に残し、額縁にはしばしば署名とともに己のモットー「アルス・イク・カン(私のできうる限り)」と書き加えた。

ロベール・カンパンの弟子、ロヒール・ヴァン・デル・ウェイデン(一三九九/一四〇〇―六四)は一四三五年頃からブリュッセル市の画家となり、師に加えて、ヤン・ヴァン・エイクの様式を吸収しながら独自の画風を築き、北方の画家たちに絶大な影響を与えた。一四五〇年にイタリアに赴き、かの地にもヤンと並んでその名を残した。《十字架降下》(一四三五頃、図❺)は、ルーヴェン市外聖母礼拝堂のために石弓組合の注文によって制作された祭壇画である。狭い壁龕の中に十字架から降ろされるキリストと、悲しみのあまり失神する聖母を中心に、十人の人物が絡み合うように密集している。キリストの死がもたらす悲しみが波のようにうねりながらすべての人物をおおう。悲しみは人物たちの頬を静かに流れる涙に結晶している。見事な感情表現は同時代のイタリア人が初期ネーデルラント絵画の最も優れた点の一つと認めたものだった。

ブルッへでヤンの後を継いで活動したの

❸ ヴァン・エイク兄弟 《神秘の子羊(ヘント)の祭壇画》(内面) 1432年 ヘント シント・バーフ大聖堂

はペトルス・クリストゥス（一四二〇年頃―一四七五／七六）であった。彼は《カルトジオ会士の肖像》（一四四六、図❻）など肖像画に優れた作品を残した。画中の下枠に止まる蝿はトロンプ・ルイユ（目だまし）の効果で見る者を驚かせる。

ディルク・バウツ（一四一五頃―七五）は北ネーデルラント出身であるが、ルーヴェン市の画家として活躍し、ヤン・ヴァン・

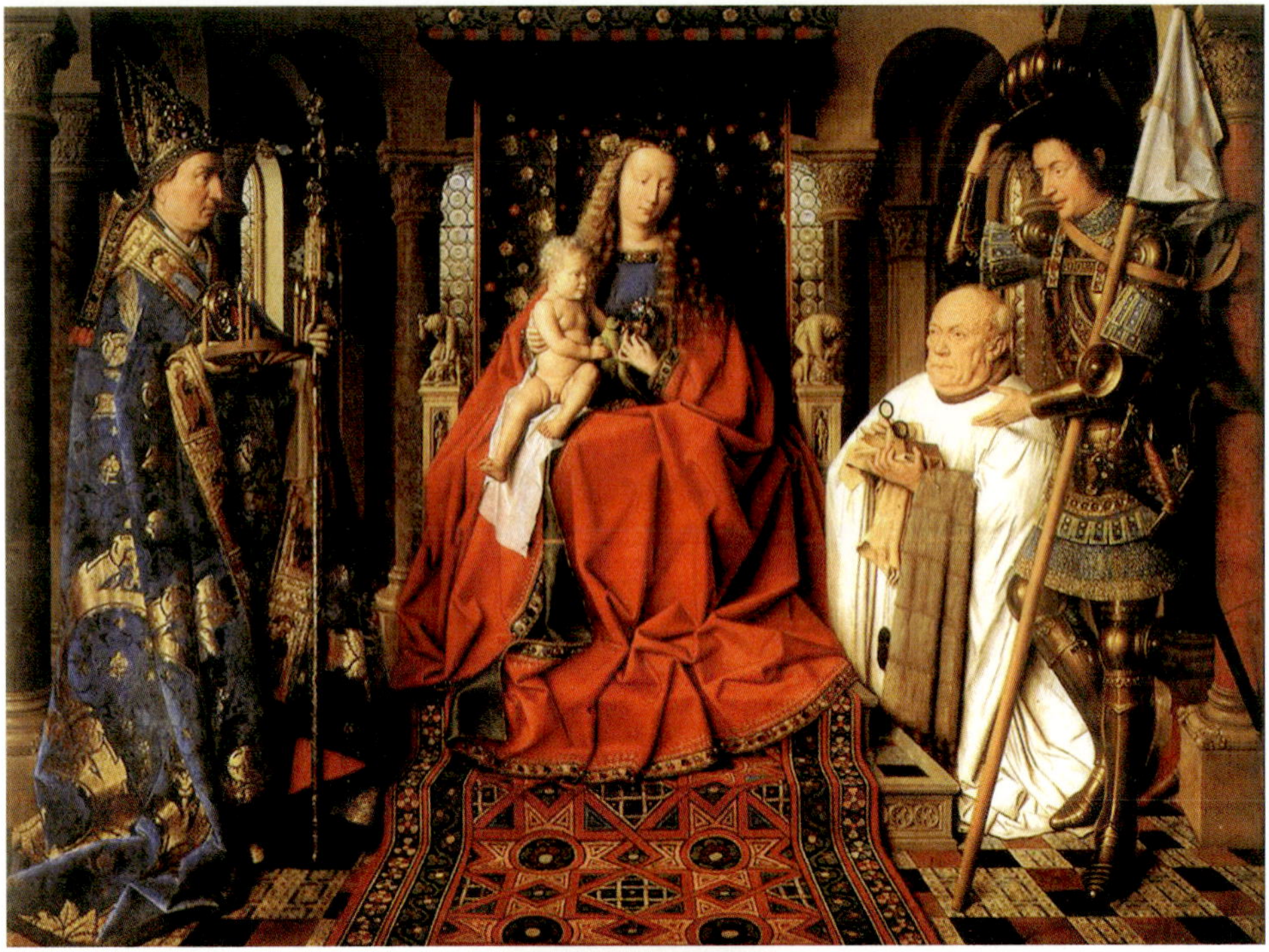

❹ ヤン・ヴァン・エイク 《ヴァン・デル・パーレの聖母》 1436年
ブルッヘ　市立美術館

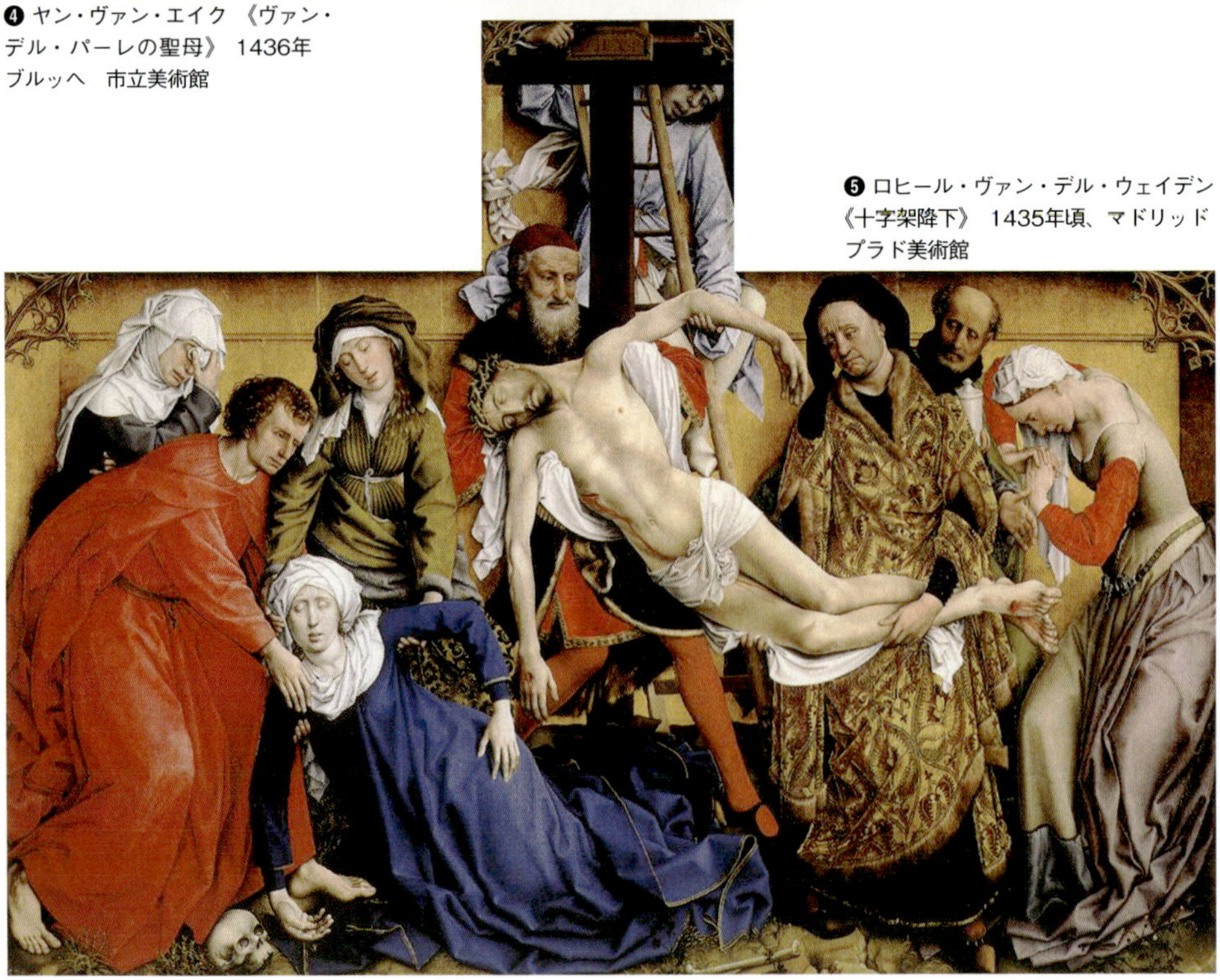

❺ ロヒール・ヴァン・デル・ウェイデン《十字架降下》 1435年頃、マドリッド
プラド美術館

❼ ディルク・バウツ　《最後の晩餐の祭壇画》1464-68年　ルーヴェン　シント・ピーテル聖堂

❻ ペトルス・クリストゥス　《カルトジオ会士の肖像》 1446年　ニューヨーク　メトロポリタン美術館

エイクとロヒールの双方から強い影響を受けた。《最後の晩餐の祭壇画》（一四六四―六八、図❼）は同市のシント・ピーテル聖堂の秘蹟同信会礼拝堂のために制作された。中央パネルは「最後の晩餐」、左右の翼部は聖餐の秘蹟を予告する旧約聖書の四つの主題を表している。室内の表現はカンパンやヤン以来の伝統に基づいているが、正確な一点透視図法が用いられている。ルーヴェン市庁舎のホールに設置するために制作された二枚組の巨大な《オットー大帝の裁判》（ブリュッセル、王立美術館）は彼の遺作となり、一部は弟子たちによって死後完成された。処刑の残酷な場面を描いても、穏やかで静かな世界がそこに息づいている。

　十五世紀後半の画家の中で傑出した個性を持った画家は、ヒューホ・ヴァン・デル・フース（一四四〇頃―八二）であろう。彼は一四七五年頃、在俗のまま修道院に入り、

❾ ハンス・メムリンク 《聖ヨハネの祭壇画》 1474-79年 ブルッヘ メムリンク美術館

制作活動を続けた。晩年に精神を病んだのは、ヤン・ヴァン・エイクに及ぶことができないという脅迫観念からであったともいう。《ポルティナリの祭壇画》（一四七五―七六、図❽）はメディチ家の代理人トマソ・ポルティナリの注文によるもので、「羊飼いの礼拝」を、翼部のポルティナリ夫妻と子供たちが守護聖人の庇護の下にひざまずいて礼拝している。《神秘の子羊（ヘント）の祭壇画》に匹敵するような壮大さを持ちながら、不安定な構図と冷たい色調が、見る者の情緒をかき乱す。走りこんでくる羊飼いは十六世紀の風俗画を思わせるように生き生きと描写されている一方、聖母の悲しみに沈んだ表情は深い宗教的感情を呼び覚ます。画面手前に描かれた花々は聖母子を象徴するが、十七世紀に成立する静物画を先取りしているかのようである。本祭壇画はポルティナリの礼拝堂に設置するために、一四八三年にフィレンツェに送られ、ギルランダイオをはじめとするイタリアの画家に多大な影響を与えた。

❽ ヒューホ・ヴァン・デル・フース
《ポルティナリの祭壇画》1475-76年
フィレンツェ　ウフィツィ美術館

　十五世紀の絵画の持つ精密な写実を受け継ぐ最後の世代は、ともにブルッヘで活躍したハンス・メムリンク（一四三〇／四〇―九四）とヘラルト・ダーヴィット（一四六〇頃―一五二三）に代表される。メムリンクはドイツに生まれたが、ヤン・ヴァン・エイクの伝統を受け継ぎながら、ロヒールの影響も受けて、風景を背にした甘美な聖母子像や肖像画を数多く描いた。同市のメムリンク美術館には《聖ヨハネの祭壇画》（図❾）をはじめとする多くの作品が所蔵されている。ブルッヘ派最後の巨匠ダーヴィットの作品は、次世紀を予告する新たな試みと伝統的様式の保持の両方を示す。《キリストの洗礼の祭壇画》（一五〇三―〇八頃、図❿）は低く取った視点と点描を用いた葉叢《はむら》の描写に新しい時代の息吹を感じ取ることができるだろう。十五世紀に芸術の中心にあったブルッヘ、ヘントはやがてその位置をアントウェルペンに譲ることになる。

❿ ヘラルト・ダーヴィット　《キリストの洗礼の祭壇画》　1503-08年頃　ブルッヘ　市立美術館

第5章

十六世紀ネーデルラント美術

森洋子

十六世紀のネーデルラント美術は、以前のブルッヘを中心とした十五世紀美術と異なるいくつかの特色をもっている。この世紀の初期から、各地の画家や彫刻家が経済的に繁栄し始めたアントウェルペンに集まり、この都市で活躍する人文主義者、国際的な実業家、裕福な中産階級の市民たちの興味に合わせた作品を制作したからである。例えば、エキゾティックで豪華な衣装を着た異国人、地元アントウェルペンの都市の景観やブラバント地方のなじみのある風景、同時代の政治的、社会的事件の反映、人文主義的な視野に基づく寓意的な図像などの登場である。このように十六世紀のネーデルラント美術は、国際商業都市であり文化都市でもあるアントウェルペンの発展と深く関連していた。

個性的な人間表現

まず注目したいのはクエンティン・マサイス（一四六六―一五三〇）で、十六世紀に入ってから制作された彼の宗教画や風俗画には、強い性格を示す、さまざまなタイプの人間描写が見られる。まさに十六世紀の扉を開き、人文主義的な人間観を画面に導入した画家である。

マサイスの《この人を見よ》（一五一八―二〇頃）では、キリストに対し大声を上げて罵倒する刑吏、キリストの首にかかった縄を荒々しく引っ張ろうとする別の刑吏など、脇役的人物にも力点が置かれ、キリストの受難がいっそう強調されている。彼のいくつかの「不釣合いなカップル」は、同時代のドイツの画家ルーカス・クラナッハも量産している。彼の多くの作品では若い娘に迫る金持ちの中年ないし老人に対し、娘は比較的無表情であった。それに対し、マサイスの《老人、若い娘、阿呆》（図❶）では、卑猥な笑いで迫る老人に、下心のある若い娼婦は老人のあごに手をかけ、その歓心を買いつつ、彼の金を自分と年相応の恋人にこっそり渡している。マサイスは、肉体的な若さを金で取引するという二人の悪徳的な態度をクラナッハよりも強烈にカリアチュア化している。彼は人間の性向や感情の動きを顔の表情、手の動きによっていっそう、ドラマティックに表出した。

《両替商とその妻》（一五一四）（図❷）はマサイスの代表作である。一見すると、金勘定に没頭する貪欲な両替商への諷刺のようだが、妻が時禱書を開けていることから、不正のない商いを暗喩しているように思われ

❶ クエンティン・マサイス《老人、若い娘、阿呆》1522-23年　油彩
ワシントン　ナショナル・ギャラリー・オブ・アート

る。実際、国際的な商取引が盛んになりつつあるアントウェルペンでは、正義に基づく両替は市としての信用にとっても大事な金融行為だったのである。

世界風景

十五世紀絵画での風景表現は人物を中心とした主題の背景でしかなかったが、ヨアヒム・パティニール（一四七四頃—一五二四）はより積極的に自然を導入し、高い地点からの構図で、前景は褐色、中景は緑色、背景は青色という色彩構成を作り上げた。その風景には遥かかなたの地平線をさらに越える無限性を付与し、前景と中景には農民が働く畑、森、湖、船の浮かぶ河口風景など、どこかに人びとの暮らしを感じさせる緻密な自然表現を展開させ、時には見る者に「地理的な好奇心（マックス・フリートレンダー）」を抱かせる風景もあった。パティニールはワロン地方のディナンまたはブヴィニュに生まれたが、そこは平坦なフランドル地方と異なり、ゆるやかに流れるマース川が風景を二分し、その一方の川岸に沿って決して高くはないが突出した奇怪な形の岩山がそびえている場所もある。彼の多くの宗教画には、こうした故郷の風景を思わせる要素も導入されている。総じて、パティニールの宗教画（図❸）には、さまざまな地形の自然が合成されているため、「世界風景」と称された。同時代のドイツの画家アルブレヒト・デューラーはその手記『ネーデルラント旅日記』（一五二一）で、パティニールを「優れた風景画家」と評していた。他方、パティニールの風景表現には「人生の巡礼」を瞑想する要素があると解釈されている（レインデルト・ファルケンブルフ）。つまり、観る者は自らの生き方で「有徳の人生」か「誘惑のある、罪深い人生」の二者択一を迫られることをパティニールの画面から感得するという。

❷ クエンティン・マサイス《両替商とその妻》
1514年　油彩　パリ　ルーヴル美術館

❸ ヨアヒム・パティニール《聖家族のエジプトへの逃避》
1515年以降　油彩　アントウェルペン　王立美術館

注目されたアントウェルペン・マニエリスムの画家たち

一五〇〇年から二五年代にかけて、通称「アントウェルペン・マニエリスム」と呼称される、特異な美術様式が一世を風靡した。アントウェルペンは十五世紀末まで、ネーデルラントの一地方都市にすぎなかったが、十六世紀に入ってから、急速に国際商業活動の中心地として発展したため、美術の世界でも、従来とは異なった変化と革新を求める風が吹き始めた。他方、ヨーロッパ各地から画家や顧客たちがこの新興都市に吸い寄せられるように集まり、美術品を含む「贅沢品」への巨大マーケットが形成された。こうしたバブル的な文化現象に注目したオランダの美術史家ペーテル・ヴァン・デン・ビンクは二〇〇五年、アントウェルペンでExtravagAnt! と題した展覧会を開催した。彼はこの様式を「異色なるもの！　アントウェルペン絵画の忘却された章」と定義し、「アントウェルペン・マニエリスムとは、初期ネーデルラント絵画とイタリア・ルネサンスから強い影響を受けた絵画との間隙に生まれた、究極の実験」と特色づけている。実はこの様式について、すでにマックス・フリードレンダーが一九一五年の論文、「一五二〇年のアントワープ・マニエリスム」で特筆し、次いで一九二一年の著書『ネーデルラント・マニエリスム』で、この様式に属する画家たちの分類を行った。だがその後は、きわだった研究成果はなかった。その意味で二〇〇五年の展覧会はこの芸術運動に関する初めての研究展であり、一五〇〇年から二五年代という、限定した時期に活躍した、異色の画家たちの活動と美術史上の位置づけ、さらにその評価を行ったのである。

一般にマニエリスムというと、一五三〇年から九〇年にかけて、フィレンツェを中心として活躍したパルミジャニーノ、ポントルモ、ブロンジーノなどの主情主義的な美術様式を指し、古典的な形態美よりも技巧的、誇張的な表現を重んじた作品が多い。それに対し、「アントウェルペン・マニエリスム」は後期ゴシックの残滓を色濃くもっているので、イタリアのマニエリスムと異質の世界である。たしかに、「引き伸ばされ、S字形にひねる身体」とか「技巧を凝らした優雅さ」という外見上の類似性があるものの、この様式のフランドルの画家たちはイタリア人とは精神史的な面であまり共通点がなかったといえよう。

十六世紀初期の短期間、アントウェルペンの画家たちは輸出用に、さまざまな混合様式による祭壇画を大量に制作した。主題の中で、とりわけ「東方三博士の礼拝」が最も愛好された。アントウェルペンの著名な商人たちはその息子たちに、三博士の名前バルタザール、メルキオール、カスパルという名をつけることもあったが、人気の秘密はそれだけではなかった。「東方三博士の礼拝」を描くことで、画家たちは洗練され、過度に技巧的な装飾、すなわち「異色な」絵画に対するニーズに応えることができたのである。イエスが生まれた貧しい家畜小屋に、堂々とした古代ローマ風の建物を接合し、その円柱の柱頭や角柱に精妙な装飾モティーフを施した。三博士たちに異国情緒あふれたファッショナブルな衣装を着せ、装飾過多といえる装身具を身に装わせ、風変わりな履物をはかせた。博士たちによるイエスへの贈り物は、当時、アントウェルペンの特別な市場でしか見られない近東やアジア産の高級な工芸品を思わせた。画家たちは「磔刑図」で、マグダラのマリアやその他のマリアたちに、しなやかな曲線で引き伸ばされた身体を与え、華やかな色彩のオリエンタル風な衣装を着せるなど、意表をつくような視覚効果を狙った。

原画は工房で複数コピーされたり、改作されたり、種々のモティーフを組み合わせた素描も一つの完成作品として評価された。多くの祭壇画は高度な完成度に達しているにもかかわらず、署名もされず、大量の「工房作」として市場または個別的に取引された。したがってヤン・デ・ベール、ヤン・ホッサールト、アドリアーン・ヴァン・オヴェーベークといった画家たち以外、ほとんどが「知られざる画家」であった。

この展覧会のハイライトは、「アミアンの画家」の《正義の重さのための真理の秤り》（一五一九年、図❹）である。主題は、「正義の重さ」であるイエスが、聖母マリアを「真理の秤り」として讃美する内容である。画面でひときわ目立つ二人の女性のアクロバット的な身体のひねり、聖俗の人物たちの感動と沈着の表情の入り乱れ、金箔を使い、目がくらむほど豪華で精巧な木彫の額縁はゴシックとルネサンスの装飾要素のハイブリッドであり（ダン・エヴィング）、この作品の数々の要素にアントウェルペン・マニエリスムのドラマティックな気迫が宿っている。

ロマニストの登場

当時の画家たちの中には、イタリアで盛期ルネサンス美術を学び、その様式を自国に導入する者たちも少なくなかった。彼らはローマで古代遺跡や古代ギリシャ・ローマの彫刻を学び、さらにヴェネツィアやフィレンツェへ赴き、イタリアの巨匠たちの作品に啓発された。帰国後、その作品に古代遺跡やイタリア・ルネサンスの宮殿建築のモティーフ、遠近法や解剖学的な人体表現を駆使したルネサンスの絵画様式を導入したため、これらの画家、彫刻家たちは「ロマニスト」と称された。長年、アントウェルペンで暮らしたイタリアの歴史家ロドヴィコ・グイッチャルディーニは彼らについて、『全ネーデルラント地誌』（一五六七）でこう描写した。「多くの画家、建築家、彫刻家、版画家がイタリアに滞在した。それは古代ローマの彫刻を見たり、非常に著名で優秀な人びとに出会い、彼らの職業を知るためであった」。ゼーラント海軍大将のフィリップ・ブルゴーニュ公は一五〇八年十月から一五〇九年にかけて教皇ユリウス二世の謁見のためにローマに旅をするが、その随行員であったヤン・ホッサールト（一

❹「アミアンの画家」《正義の重さのための真理の秤り》
1519年　油彩　アミアン　ピカルディ美術館

四七八頃—一五三三／三六）はイタリアの地で多くの刺激を受けた。彼の《ダナエ》（一五二七、図❺）に見られる、古代ローマ風の円柱に囲まれた塔の内部構造やティツィアーノを思わせる優美な裸体の女性は、まさにネーデルラントの代表的なロマニストらしい表現といえよう。イタリアの画家・美術家ヴァザーリはホッサールトについて、「裸体や詩的な空想にあふれた情景を、真の方法でイタリアからフランドルにもたらした、おそらく最初の画家」と賞賛している。

ヨース・ヴァン・クレーヴェ（一四八五—一五四〇／四一）もイタリアに滞在したと推定されるが、その聖母はレオナルド・ダ・ヴィンチ風で、輪郭が非常に柔らかく、肌にはスフマート（伊語で「煙のような」の意）による微妙なぼかしが見られる。彼は《フランソワ一世》や《ヘンリー八世》（一五三六、図❻）で、気品と威厳にあふれた肖像画を制作し、宮廷人から大いに歓迎された。

もう一人の注目すべきロマニストはバーレント・ヴァン・オルレイ（一四九二頃—一五四二）で、彼の三連祭壇画《ヨブの試練と忍耐》（一五二一、図❼）は、ヴァチカンにあるラファエロの《神殿を追われるヘリオドロス》なしに考えられない。また、オルレイのミケランジェロ的な力強い筋肉、解

❺ ヤン・ホッサールト《ダナエ》1527年　油彩　ミュンヘン　アルテ・ピナコテーク

❻ ヨース・ヴァン・クレーヴェ《ヘンリー8世》1536年　油彩　ハンプトン・コート　王室コレクション

❼ バーレント・ヴァン・オルレイ《ヨブの試練と忍耐》1521年　油彩　ブリュッセル　ベルギー王立美術館

剖学的な人体構造、遠近法による画面構成は同世代のネーデルラントの画家たちに「新しい画法の出発点」（エリック・ヴァンダム）を示した。

　フランス・フローリスは、イタリア的な工房経営をした最初のネーデルラントの画家であった。彼は芸術作品のコンセプトや創案が最も重要であると考え、弟子たちが工房でそれらを実現し、制作する方針を貫いた。こうしてフローリスは多くの注文をこなし、アントウェルペンで最も繁栄する工房を営み、十七世紀のルーベンス工房の活動の先例となった。《反逆天使の墜落》（一五五四、図❽）は剣士のギルドの祭壇画用に制作されたが、明らかにミケランジェロの《最後の審判》に啓発されている。名刀を手にした天使たちが悪魔と激しく戦う姿に、剣士たちは自らを「キリストの戦士」になぞらえ、寓意的にアントウェルペンの治安を守る警吏という役目をこの画面から読ませている。

❽ フランス・フローリス《反逆天使の墜落》1554年　油彩　アントウェルペン　王立美術館

その他の画家たち

このほか、十六世紀中期、ヒエロニムス・ボスのリバイバルの波に乗って注目されたヤン・マンデインの《聖アントニウスの誘惑》（一五三〇以降、図❾）やピーテル・ハイスの《最後の審判》（一五五四）などは、いかにも新興階級のアントウェルペン市民たちの趣向を物語っている。マンデインの作品では、修行中の聖人が体験する厳しい砂漠での苦しみよりは女に変身した悪魔の媚態、幻惑的な建造物、珍奇な魔物が観者を魅きつける。ハイスの作品では、先人ヒエロニムス・ボスが描いた、罪人に対する地獄での凄絶な拷問よりは、滑稽で、怪奇的、刺激的な怪物の行列といった、視覚の遊戯性が強調されている。

市場を描く画家たち

ピーテル・アールツェン（一五〇七／八―七五）の宗教画には、主題を遠景に目立たなく描き、世俗的な要素に圧倒的な比重を置く作品が目立つ。《聖家族のエジプトへの逃避のある肉屋》（図❿）では、アントウエルペンで繁盛する肉屋が前景に大きく描かれ、聖母子やヨゼフは遠景の村の一角に目立たずその姿を見せている。貧しい聖母が物乞いをする子供に施しものをするが、食材であふれる肉屋は、持てる者の無慈悲な行為とその「虚栄」の寓意となっている。アールツェンの妻の甥にあたるヨアヒム・ブッケラール（一五三〇頃―七四）（図⓫）は市場や豊かな台所の情景を得意としているが、まだ体温のぬくもりを感じさせる禽獣、新

❾ ヤン・マンデイン《聖アントニウスの誘惑》1530年以降　油彩　ハーレム　フランス・ハルス美術館

❿ ピーテル・アールツェン《聖家族のエジプトへの逃避のある肉屋》1551年　油彩　ウプソラ　ウプソラ大学美術館

⓫ ヨアヒム・ブッケラール《禽獣市場》1570年　油彩　ヘント　王立美術館

⑫ ピーテル・ブリューゲル《ネーデルラントの諺》
1559年　油彩　ベルリン　国立絵画館

鮮な野菜や果実の写実的な描写に、十七世紀の静物画の巨匠フランス・スネイデルスの誕生を予期させる。その他に、ブッケラールの豊富な魚介類であふれる市場の絵は、飛躍的な経済力をつけたアントウェルペンを象徴し、この都市に住む市民たちの食卓の賑わいを示唆している。

ピーテル・ブリューゲルの世界

十六世紀後半に活躍したピーテル・ブリューゲル（一五二五／三〇―六九）は一五五二年頃から約二年間イタリアに滞在し、ローマで「小ミケランジェロ」と称された細密画の巨匠ジュリオ・クローヴィオの工房で仕事をしたらしい（クローヴィオの所蔵品目録より）。しかし帰国後は、フランス・フローリスたちのようなロマニストにはならなかった。彼は初期のアントウェルペン時代、国際的な版画出版業者ヒエロニムス・コックの依頼で、一五五四年から十数年にわたり、版画用の下絵素描を制作した。最初はアルプスの大風景画シリーズ、やがて人物コンポジションや船舶シリーズを描いた。先人ヒエロニムス・ボス風な《聖アントニウスの誘惑》や《大きな魚は小さな魚を食う》（ブリューゲルの構図だが、版面には「ボス下絵」と記された）、人間の内面に潜む悪への衝動「七つの罪源」シリーズ、人間性を問う《誰でも》、その愚行を突く《錬金術》など、人間の生き方に関わるさまざまな主題を制作した。《貧しい台所》や《肥った台所》のような社会性を寓意化した作品も少なくない。他方、《ホボケンの縁日》では祭りを楽しむ農民の姿が登場する。こうしてブリューゲル版画はネーデルラントだけでなく、ヨーロッパの各地で人気を博した。これらの主題は、コックが同時代の趣向を察知して提案したことも推測される。版画のための下絵制作から、ブリューゲルは風景画における山岳の表現、風俗画での地平線の高い、広場的な構図、画面いっぱいに描く「づくし的」な描法、主題の中に同時代の価値観を反映させる人文主義的な視座、農民の労働や祝祭への共感など、画家としての豊富な経験を積んだ。

ブリューゲルは一五五九年頃から次第に版画用の下絵素描家から油彩画家として活躍する。一九九八年に発見された《豚小屋に押し込まれる酔っ払い》（一五五七）は彼の初期の作品となる。その後の《謝肉祭と四旬節の喧嘩》（一五五九）では、享楽的と禁欲的な二チームの合戦という主題の下で、さまざまな扮装や民俗楽器（弦楽器vs.台所用具を使った楽器）、食べ物（肉類vs.魚介類）、路上劇vs.聖堂でのミサ、広場での賭け事や遊びvs.病人や物乞いといった対位法が表現された。《ネーデルラントの諺》（一五五九、図⓬）では、百種近い諺が村の広場を中心に、農家の台所、市門とその近くの晒し台、野外でのパン焼き窯、川岸にあるなめし小屋、川、麦畑、海岸などで営まれている。いずれの諺も人間の犯しやすい失敗（「仔牛が溺れてから穴を塞ぐ」）、愚行（「豚の前に薔薇を撒く」）、無為や怠惰（「コウノトリを眺める」）、傲慢（「親指の上で世界を回す」）、諷刺（「悪魔をクッションの上で縛る女」＝家庭での強力な主権を持つ妻への諷刺）、欺瞞（「夫に青いマントを着せる」＝妻の不倫）などを表現していた。登場人物は、貴族、聖職者、騎士、兵士、商人、職人、農民、主婦などのあらゆる社会階層・職業で、まさしく倒錯した人間社会のドラマが繰り広げられている。

《子供の遊戯》（一五六〇、図⓭）では、百科全書的に九十一種の遊びが描かれているが、「遊びは体の訓練や元気の回復に役立つ」（シルウィウス・ピッコローミニ）、「子供は遊び

⓭ ピーテル・ブリューゲル《子供の遊戯》1560年　油彩　ウィーン　美術史美術館

⓮ ピーテル・ブリューゲル《怠け者の天国》1567年　油彩　ミュンヘン　アルテ・ピナコテーク

を通して訓練されねばならない。遊びから子供の知性の鋭敏さや生来の性格が顕われてくる。命令に従う任務は遊びから学ばせなければならない」（ルイス・ビベス）といったルネサンスの遊戯教育論が反映されている。

六点の「季節画」のシリーズ（一五六五、ただし春を主題とした作品は紛失）で、ブリューゲルは農民の季節ごとの激しい労働を一年の六時期にわたって表現した。それらは早春の薪拾い、夏の干草作り、麦刈り（72頁図❹）、秋の牛追い、狩猟の帰還と凍てつくフランドルの冬の生活であった。彼はパティニールの合成的な「世界風景」や岩山や田畑に人間や動物を細密画風に挿入するという手法に啓発されながら、かつてないほど季節によって変化する自然の表情を描写した。

地図制作者アブラハム・オルテリウスの注文であった《聖母の死》（一五六四頃）は、非常に精神性の高い作品であるが、ブリューゲルがオルテリウスのような人文主義者とも交友があったことを立証している。人間の本能的な欲望を描いた《怠け者の天国》（一五六七、図⓮）では、大の字になった寝そべる書記、兵士、農民によって、どんな階層にも、労働せず怠惰な生活の中で最高の美味を口にしたいと望む人びとがいること、それは何ら価値を生み出さないことを警告していた。

《盲人の寓話》（一五六八、73頁図❾）は新約聖書（『マタイによる福音書』十五章十四節）の「盲人が盲人を導くと二人とも穴に落ちる」という教訓を主題としている。だがそれだけでなく、ブリューゲルは当時、横行した偽預言者や異端者に対する警鐘を鳴らした。さらに人間精神の盲目性をも暗喩し、哲学者のように鋭い人間観察を示していた。

ポスト・ブリューゲルの画家たち

ブリューゲルが他界した時、まだ幼かった二人の息子ピーテル二世とヤンは母方の祖母マイケン・ヴェルフルスト・ベッセメルスに水彩画の手ほどきを受けたといわれている。グイッチャルディーニは、彼女を「芸術に関し、現存する優れた四人の既婚婦人と未婚女性の中の一人」（仏語版、一五八二）と評価していた。長男ピーテル二世は十六世紀末頃からの「ブリューゲル・ブーム」に乗って、約九人の弟子とともに父の作品のコピーを量産し、一六一六年以降、ようやく独自の様式を樹立していた。彼の得意とするジャンルは農民の婚礼や縁日の祝いであったが、父のような深い人間観察からではなく、農村の風俗誌の描写に関心があった（図⓯）。

次男ヤン・ブリューゲルはイタリアに六年間滞在し、マニエリスム様式に啓発される。アントウェルペンに帰国してからは、フランドルの伝統的な技法である緻密な細密画の手法と艶やかな色彩で、四季にわたる多種多様な花を博物誌的に描き、高位聖職者や上流階層から高い評価を受けた（図⓰）。また牧歌的な農村風景と広大な地平線が走る画期的な構図で、後のオランダの風景画家に影響を与えた。ヤンはパトロンにも恵まれ、ローマで知己になったフェデリーゴ・ボッロメオ枢機卿やブリュッセルの宮殿に住むネーデルラントの執政アルベルト大公夫妻から多くの注文を受けた。

ブリューゲルの二人の息子の活躍は一五九〇年代から始まるが、ピーテル二世の様式は父の伝統を継承しているのに対し、ヤンは花の静物画、田園を讃美する風景画、さらに「五感」や「四元素」の寓意画ではルーベンス、バーレンなど共同制作をするなど、幅広いジャンルで新しい世紀の扉を開いた。こうしてヤンは、十七世紀フランドル・バロック絵画を代表する画家のひとりとなった。

　ブリューゲルの息子たち以外で、ポスト・ブリューゲルと見なされる画家に注目してみよう。農民の風俗や彼らの季節の労働を

⑮ ピーテル・ブリューゲル2世《野外の農民の婚宴》1616年以降　油彩　マーストリヒト　ボネファンテン美術館

⑯ ヤン・ブリューゲル《壺の中の花束》1607年　油彩　ウィーン　美術史美術館

描いたヤコブ・フリンメル（一五二五―九〇）は生年こそブリューゲルとほぼ同年であるが、その《冬景色》（一五七五）では、前景の氷滑りや後景の雪におおわれた農村の風景など、ブリューゲルの《鳥罠のある冬景色》から霊感を受けたように思われる。ルーカス・ヴァン・ヴァルケンボルフ（一五三五―九七）の《アントウェルペンの冬の景観》（一五八九?、図⑰）の場合も、画面の遠景にアントウェルペンの眺望を描く手法は、ブリューゲルの同作に接近している。

⑰ ルーカス・ヴァン・ヴァルケンボルフ《アントウェルペンの冬の景観》1589年？　油彩　フランクフルト　シュテーデル美術館

⑱ パウル・ブリル《聖家族のエジプトへの逃避》1600年頃　油彩　ドイツ　個人蔵

ヤコブ・サヴァレイ（一五六五頃―一六〇三）の素描《村祭り》（一五九八）は、村の聖堂記念日を祝う縁日を主題にしている。農民たちは聖像や聖旗を掲げての宗教行列の後、ダンスやゲームを楽しみ、酒に酔い痴れているが、その姿は異時同図的に描かれている。しかし、これは明らかに、ブリューゲルの銅版画《ホボケンの縁日》や《シント・ヨーリスの縁日》を範としている。ヤコブとルーラント・サヴァレイ（一五七六―一六三九）兄弟は当時のブリューゲル・ブームに便乗し、一六〇〇年前後からブリューゲルの素描の贋作を大量に制作し、二十世紀のブリューゲル研究を混乱させた。

ヨース・ド・モンペルやパウル・ブリル（図⑱）らは一五八〇年以降、川や岩の多い山道を対角線上に走らせ、中景に古代の遺跡を配置したり、光と影の微妙な変化を見せる大木の枝葉などを描いたが、そのダイナミックな画面構成と明澄な大気感のある自然描写で、近代的な風景画の先駆者となった。ブリルは大胆な森の近景の表現などで、前述したヤン・ブリューゲルを啓発している。

新発見のブリューゲル《聖マルティンのワイン祭り》

森 洋子

二〇〇九年にプラド美術館で発見された《聖マルティンのワイン祭り》

新発見の《聖マルティンのワイン祭り》（以下《聖マルティン》、図❸）は、ピーテル・ブリューゲルが制作した作品の中でも破格の大きさ（百四十八×二百七十センチ、テンペラ）であった。二十世紀初頭から研究者たちはこの作品の存在をテンペラや油彩による古いコピー、版画、無名画家の素描、所蔵品目録から知っていた。だが二〇〇九年十一月、ある個人コレクターがマドリードのプラド美術館に持ち込むまで、この作品は「失われたブリューゲルの作品リスト」に挙げられていた。プラド美術館がこの作品をブリューゲルの真筆と判定したのは、赤外線写真からBRVEG、MDL…というサインや制作年代の一部を発見し、さらにその様式、顔料、筆法の分析によって確信を得たからだ。スペイン政府とプラド美術館は二〇一〇年にこの作品を購入した。《聖マルティン》は約二年間の修復後、二〇一一年十二月にプラド美術館で初公開された。

作品の主題と内容

村の一角に仮設された高い足場に赤い大樽が置かれ、そこから白ワインがほとばしり出ている。樽を囲む男たちはこの施しのワインに狂喜しながら、鯨飲する。ある男たちは群集の差し出す容器に樽からワインを汲んでやっている。ワインが入りさえすれば、帽子や靴でもかまわない。足場の下では市民、農民、物乞い、放浪者たちが樽に近づこうと殺到する。大人だけでなく、子どもまでも大騒ぎをする。だがワインの奪い合いから喧嘩が始まる。飲み過ぎて嘔吐したり、泥酔して地面に寝込んでいる者たちも出現する。彼らの側で幼い子供にワインの味見させている若い母親もいる。この日は「聖マルティンの祝日」で十一月十一日。前景右に騎馬姿の聖マルティンが見えるが、彼は物乞いに自分のマントを剣で裂いて与えている。この行為からマルティンは「救貧の聖人」と崇拝された。彼はフランスのロワール流域の住民に本格的な葡萄の栽培法を伝授したという伝説から、葡萄園主、ワイン業者、ワイン樽作りの職人などの守護聖人ともなった。

作品の来歴と関連作品

同美術館学芸部長（北方絵画部門）ピラール・シルバ・マロート博士の来歴調査によると、イタリアの大領主ヴィンチェンツォ一世ゴンザーガ（マントヴァ）が一六〇八年にこの作品をブリュッセルで購入したらしい。その後、この作品はイタリアで売却されたが、最終的にはローマに滞在していた初代スペイン大使で、名門貴族メディナセリ公ルイス・フランシスコ・デ・ラ・セルダ・イ・アラゴンのコレクションに入る。同公がスペインに帰国する時に《聖マルティン》を持ち帰り、その後、一九五六年まで公家のマドリード宮殿に保存された。ゆえにプラド美術館にこの作品の調査依頼をしたのはこの一族であったという。

ブリューゲルの《聖マルティン》に最も近いコピーはウィーンの美術史美術館にある（図❹）。十六世紀末に制作されたこの作品も麻布にテンペラで描かれている。二十世紀初頭の研究者たちは、ハプスブルク家のヴィルヘルム・レオポルト大公所蔵品目録（一六五九）に記載された《聖マルティン》と一致するという理由で、一時、ブリューゲルのオリジナルと見なしていた（L・V・

❶《聖マルティンのワイン祭り》1670-90年頃　銅版画（図❸に基づく）
アブラハム・ブリューゲル発行

❷ ピーテル・バルテンス《聖マルティンのワイン祭り》
1560年代中期
油彩　板
アントウェルペン
王立美術館

バステラール、G・グリックなど）。だが残念ながらこの作品は、騎馬姿の聖マルティンを中心とした、全体の約三分の一の断片図である。G・マルリエはブリューゲルの息子ピーテル二世によるコピーを推定したが、筆者はピーテル二世の様式ではなく、知られざる画家による制作と考えている。

　ブリュッセルのベルギー王立美術館にはほぼ同じサイズで、十七世紀初期の油彩画の完全なコピーがある。プラド作品の保存状態が悪く、見えにくい部分はこの作品から図像分析することができる。ピラール・シルバら研究者はブリュッセルのコピーをブリューゲルの息子ピーテル二世に帰すが、様式的にはかなり異なっている。

　一六六〇―七五年頃の素描によるラフなコピーも知られているが、完成度は低い。ブリューゲルの曽孫でローマとナポリで活躍したアブラハム・ブリューゲルは一六七〇―九〇年頃、メディナセリ公の所蔵していたこの原画を版画化した（図❶）。画面の余白にはアブラハムが彼のパトロンで教皇軍総司令官アルティエーリへの長文の献辞を銘記している。

十六世紀中期のワイン事情

　ブリューゲルはなぜ貧しい市民、農民、物乞い、盲人などによるフリーワインへの貪欲さをこのように赤裸々に表現したのだろうか。それには十六世紀中期の気象状況やワインへの嗜好の変化を考慮しなければならない。一五四〇年代、ネーデルラントに小氷河期が襲っている。一五六四年十二月に大寒波が訪れ、木材が凍結し、多数の死者が出た。翌年は冷害により、葡萄をはじめ、さまざまな収穫物にも大被害が出た。こうして地元ワインの消費高が激減したのである。他方、人びとのワインへの嗜好にも変化が起き、地元ワインよりも美味の輸入ワイン（ライン地方産とフランス産）の消費量が上昇した。

　こうした事情のもとで、貧しい人びとが十分にワインを味うことはできなかったであろう。河原温『中世フランドルの都市と社会』（二〇〇一）によると、ヘントの都市

❹ 作者不詳《聖マルティンのワイン祭り》（断片） 16世紀末 テンペラ 麻布 ウィーン 美術史美術館

会計簿が示す施療院へのワインの給付は、一三五七—五八年では、年四回（万聖節、クリスマス、復活祭、聖霊降誕祭）だった。年一回だけの給付の場合もあったらしい。

構図の創案者はバルテンスかブリューゲルか

この主題はブリューゲルと同時代のピーテル・バルテンス（一五二〇／二五—九八以前）も二点制作していた（図❷、アントウェルペンのベルギー王立美術館。アムステルダムの国立美術館）。しかもバルテンスの両作品にはブリューゲルのそれと同じく、ワイン樽に群がる民衆のピラミッド型の構図、前景右の騎馬姿の聖マルティン、町へ帰る男女の後姿（アムステルダムの作品）、上部の水辺の風景（アントウェルペンの作品）が見られる。だがバルテンスは、ワイン樽の上に物乞いの象徴ともなる「交差した松葉杖」のある旗を描き、フリーワインのイベント会場を明確にしている。さらに中央の大樽のある左右に農村風景を配し、聖人を伝統通り正面を向かせている。その結果、バルテンスの構図全体のまとめ方は左右相称で平凡となっている。だがブリューゲルとの一番の相違は、前景左に黒服姿の役人風情の人物たち（アントウェルペン美術館）やフリーワインの提供者を思わせる人物とその家族を登場させている点である（アムステルダム美術館）。

　バルテンスはブリューゲルよりも十一年早い、一五四〇年に親方に登録した。彼はメヘレンのシント・ロンバウト大聖堂にある手袋業者の祭壇画制作に際し、自分は内側の主要パネル、ブリューゲルに外側のパネルを担当させている。したがってさまざまな考察から、バルテンスが《聖マルティン》の構図の創案者であり、ブリューゲルは独創的な着想でこの主題に寓意性を与え、よりドラマティックな人間模様を演出させたのではなかろうか。

❸ ピーテル・ブリューゲル《聖マルティンのワイン祭り》1560年代中期　テンペラ　麻布　マドリード　プラド美術館

　同時代の道徳思想家D・V・コールンヘルトは『道徳術、それは正しく生きる術である』（一五八六）の中で、「隣人愛」と「欲望」の対比をこう述べている。「愛は与えようとし、欲望は受けることを望む。愛は他者の利益を、欲望は自分の利益のみを求める。愛はつねに他者のために役立ち、害せず、愛するもの同士で調和を保つ。欲望は仲間と争い、傷つけ合い、大きな不和の原因が欲望にあることに気がつかない」。コールンヘルトも一時期、ヒエロニムス・コックのもとで働いていたので、ブリューゲルとの接触の可能性も考えられる。画家・人文主義者ブリューゲルもこのような道徳観を共有していたのではなかろうか。

ブリューゲルとパヨッテンラント

森洋子／アルブレヒト・デ・シュライヴェル

パヨッテンラント（Pajottenland）は歴史的な根拠をもった地名ではなく、いわばある地方の愛称といえよう。* ブリュッセルから南西方向に位置し、一九七〇年に六つの地方自治体を合併したディルベーク地区の田園地帯がパヨッテンラントと呼ばれる。これからますます、ベルギーの人びとだけでなく、外国人からも親しまれるであろう。『ロベール仏語辞典』によれば、フランス語のパヨット paillote, paillotte とは「藁葺き小屋がたくさん集まった村」とある。ラントはオランダ語で国とか地方をさす言葉である。ゆえにこの名称はフランス語とオランダ語の合成語となり、二ヵ国語圏のベルギーらしい造語といえよう。

❶ ヴォレゼーレの村の景観　Jan Decreton撮影

一九九〇年代から、パヨッテンラントにはブリュッセル時代のブリューゲルの作品に描かれた風景や聖堂と類似した景観が見られるという指摘があった。具体的に実際の景観と絵画との関連性を世に広めたのは二〇〇四年、「ブリューゲル野外美術館」ができてからである。この一帯にはブリューゲルの油彩画の原寸大の複製が各所に置かれている。しかし最初の契機は、一九六九年のブリューゲル没後四百年の行事として、ブリュッセル近郊の村々とその道路が「ブリューゲル街道」と称されたときであった。だが車でドライブする「ブリューゲル街道」とは異なり、パヨッテンラントはブリューゲルの作品を彷彿させる村の聖堂、農家、納屋、水車、小川とその流域、池、林など景観全体を意味し、むしろ人びとは自転車や徒歩で散策する場所である。

ブリューゲルは師ピーテル・クック・ヴァン・アールストの娘マイケンと結婚するため、一五六三年にアントウェルペンからブリュッセルに移住した。たとえ地誌的な再現ではないにせよ、彼は没年までの六年間、ブリュッセル近郊の農村風景をスケッチし、それらの面影を油彩画に反映させていた。ときにはブリュッセルから足を伸ばして、パヨッテンラントを広く歩きまわり、農民を主人公とした新たな題材を求めたと思われる。ブリュッセルでの新居は、結婚式を挙げたノートルダム・ド・ラ・シャペル聖堂の近くということは容易に推測されるが、そこからパヨッテンラント、とくに後述するシント・アンナ聖堂までは約八キロの距離であった。

パヨッテンラントを訪れると、緩やかな丘のうねり、平坦な草原、広大な麦畑、水車、曲がりくねった小川とその流域などに、ブリューゲルが描いた農村風景に出会う思いがする。また今日も村の景観の一部となっているいくつかの聖堂の中には、ブリューゲルの作品のモデルになっているのではと思われる後期ゴシックの建物がある。

ハルマールデンのヴォレゼーレの風景（図❶）はとりわけ魅力的だ。農家と柵に囲まれた牧場、遠くに霞む草原や防風林など、画家が惹かれた自然景観とはこんな場所だったのではと想像できるのである。今はこれらの農家の屋根はさまざまなタイルで葺かれているが、十九世紀頃まではパヨッテンラントのほとんどの農家は藁葺きであった。

《干草の収穫》（一五六五頃、図❷）の中景左にゴシック様式の聖堂が描かれている。これはディルベークのシント・アンブロシウス聖堂（図❸）に似ている。とくに十三世紀に遡る初期ゴシックの西塔の外壁に二列に並んだ開口部、その壁に隣接した突出部などはブリューゲルの画面の聖堂に近い。もちろん現在のシント・アンブロシウス聖堂は後世の増築や改築によって、外観の一部は当時の建物からかなり変化していることも考慮しなければならないだろう。

《穀物の収穫》（一五六五、図❹）の背景には緩やかなうねりの穀物畑が展開している。それを感じさせるのはハースベークホルン伯城の裏庭からの景観である。確かにアン

❷ ピーテル・ブリューゲル《干草の収穫》
1565年頃　油彩　プラハ　ロヴコヴィッツ宮殿

❸「シント・アンブロシウス聖堂」13世紀以降
ディルベーク　© Miel Verhasselt

トゥェルペンの近郊の農村地帯はまったく平坦であるため、こうした丘陵はブリューゲルにとってどんなにかピトレスクに見えたであろう。《穀物の収穫》の中景右側の木立の間から後期ゴシック聖堂の一部を垣間見ることができるが、イタベークのシント・ピーテル聖堂（図❺）との比較も興味深いだろう。実際の塔の部分には画面と同じく左右に二つの開口部があり、十三世紀末に遡る聖堂の交差部も画面と共通している。

　レニンクの冬景色（図❽）を見ると、中景右に並んでいる、幹の細い、まっすぐな樹木が目を引く。というのもブリューゲルの《雪中の狩人》（一五六五、図❻）の前景の樹木に似ているからだ。さらに冬のシント・ピーテルス・レウの池は、同作品の中景に広がる池の候補となるかもしれない。子供が凍った池や川でスケート、橇滑り、独楽回し、カーリングをする情景はブリューゲルが愛好した主題のひとつであった。

　イタベークの寒村シント・アンナ・ペーデにあるシント・アンナ聖堂（図❼）は晩年の代表作《盲人の寓話》（図❾）に描かれた聖堂のモデルと特定されてきた。この発見は一九六九年の『ブラバント』誌で発表されている。塔の鐘楼用の開口部だけでなく、（増築された十九世紀の内陣を除く）交差部を含め、建物全体の形が画面の聖堂とほぼ一致する。聖堂は一二五〇年頃、西塔は十六世紀に建てられている。一二五九年、ブリュッセルのベギンホフの記録に、「ペーデの近くの新しい礼拝堂」とあるが、シント・アンナ聖堂を言及しているのだろう。本稿の著者シュライヴェルによる二〇一一年の調査で、一三〇〇年十月二十四日、教皇ボニファキウスによって署名された書面から、イタベークにあるシント・アンナ・ペーデの礼拝堂近くに聖エリザベスに献堂された小さな病院（godshuis）があったことが判明した。もしこの病院が十六世紀まで存続したならば、ブリューゲルがこの近辺を訪ねたとき、ここでの治療に向かう盲人たちの姿を見る機会もあったかもしれない。

　この作品の左端に階段状の石造りの家が描かれている。シント・アンナ・ペーデにはこの聖堂から南五十メートル先に、外壁に囲まれた小規模なシント・アンナ城館があるが、地元の人びとは古くから、ブリューゲルがスケッチ旅行の途上、この館に宿泊したという伝説を信じているようだ。

❹ ピーテル・ブリューゲル《穀物の収穫》1565年　油彩　ニューヨーク　メトロポリタン美術館

❺「シント・ピーテル聖堂」13世紀以降　イタベーク

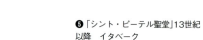

ブリューゲルが最晩年に制作した《絞首台の上のカササギ》（一五六八、図⑩）の中景左には、村道と周囲の藁葺屋根の農家や聖堂（図⑪）が描かれているが、かつてのパヨッテンラントの幻の村落を思わせる。ブリューゲルは村道を行き交う農民たちののどかな日常生活を描き、さらに遠景に広大な峡谷や牧歌的な草原、川岸に沿ってそびえる幻想的な岩山を加えつつ、無人の絞首台を前景に強調している。彼はおそらく犯罪や冤罪などによる処刑のない、永遠の平和を表現したかったのではなかろうか。そ

❻ ピーテル・ブリューゲル《雪中の狩人》1565年　油彩　ウィーン美術史美術館

❼ シント・アンナ聖堂
13世紀以降　イタベーク、シント・アンナ・ペーデ
森洋子撮影

❽ レニンクの冬景色　Luc Bohez撮影

❾ ピーテル・ブリューゲル《盲人の寓話》1568年　テンペラ　ナポリ　カポディモンテ国立美術館

の意味で、この遺作はパヨッテンラントの田園風景と、イタリア旅行途上で感動したアルプスの山岳景観を合成した、パラダイスのような宇宙空間の創造といえよう。

＊　パヨッテンラントという想像上の土地を「誕生」させたのはベルギー人の弁護士 Frans-Jozef de Gronckel であった。彼が1845年にヘントの新聞に連載したフィクションの長い題名に、パヨッテンラントという土地の名前があった。

⑩ ピーテル・ブリューゲル《絞首台の上のカササギ》1568年　油彩　ダルムシュタット　ヘッセン州立美術館

⑪ ピーテル・ブリューゲル「ブラバントの農村風景の一角」図⑩の部分

ボクレイク——野外博物館の村

森 洋子

フランドルの民衆文化に親しむには、ベルギー各地の民俗博物館を訪れてみることがとても大切だ。とりわけ、ベルギー東部にあるボクレイクの野外博物館（図❶）は欠かすことのできない最も重要な場所である。ここは日本人にはあまり知られていないが、年間、百万人以上の入場者があるというから、ベルギーの隣接の国々でもかなりポピュラーなのであろう。ボクレイクへはブリュッセルからハッセルト方面に向かって列車で一時間半くらい、車ならもっと便利である。主として十六世紀から十九世紀にかけての農家や納屋（図❷）、農作業場、馬車小屋、パン焼き小屋（図❸）、家畜小屋、水車、風車（図❹）といった農村生活に関連する建物、また商店、市民の家、礼拝堂、学校といった市民の生活に関わる建物など合わせて百軒近くをフランドル東西部、ケ

❶ ボクレイク　野外博物館

❷ 西フランドル地方（ブルッへのポルダー）の農場の納屋　14-18世紀　ボクレイク　野外博物館　© vzw Het DOMEIN Bokrijk (Open-Air Museum Bokrijk)

❸ アントウェルペンのパン焼き小屋　19世紀初期　ボクレイク　野外博物館

❹ モル＝ミレヘムの風車　1788年頃　ボクレイク　野外博物館

ンペン、リンブルク・ハスペンハウとマースラント、アントウェルペンから移築してある。広さは五百四十ヘクタールで、まさに村一つ分が博物館となっている。ベルギーが誇る子供の教育と遊び場ともなるため、各地から若い親たちが休日ともなると何度も子供と一緒にやってきて、古き時代の生活を語ったり、一緒に草原を走ったりして遊ぶ。年配の観光客は第二次世界大戦前まで農村のどこでも見られた農家、農具、家具、日常食器を懐かしみ、レストランで伝統的な田舎料理を楽しむ。

　野外博物館は一九五八年に開館した。ヨーゼフ・ウェインス館長は四巻の大著『民衆の家財道具』(一九七四年、改訂版一九九九年)の著者であり、ベルギー有数の民俗学者であった。この著書の要約ともいえるウェインス館長の論文「ブリューゲルから学ぶ百あまりの日常用品」からわかるように、ブリューゲルの版画《肥った台所と痩せた台所》や油彩画《謝肉祭と四旬節の喧嘩》での台所道具、《ネーデルラントの諺》での農家、パン焼き小屋、なめし小屋、トイレ、《農民の婚宴》などに描かれた納屋の様子、食器などが、このボクレイクで目の当たりにできる。まさに十六、十七世紀の農村にタイムスリップできる必見の場所である。公園にはアヒル、ニワトリ、羊などが野原に放し飼いになっており、とりわけ面白いのは丸太のように太い脚の馬の群れで、この動物たちは山積みにした干し草やビール樽の荷車を引くために特別に飼育されている。ゆえに挽馬と呼称されている。

第6章

黄金時代のアントウェルペン
——十六世紀の経済と文化

森　洋子

アントウェルペンを描く画家たち

十六世紀にアントウェルペンに在住したフィレンツェ出身の歴史家で、トスカーナ外交官ロドヴィコ・グイッチャルディーニは、その著書『全ネーデルラント地誌』（一五六七）の中で「アントウェルペンはヨーロッパの女王都市である」と形容した。イギリス人でエリザベス女王の特使であったダニエル・ロジャーズ（一五三八―九一）はアントウェルペンを「ネーデルラントのローマ」と評し、「重厚な大理石の美しい建物を見よ、善き習慣、工人たちの仕事など、すべてがローマの栄光のように呼吸している」と讃えた。

❶ ヤン・マサイス《フローラ》1559年　油彩　ブリュッセル　ベルギー王立美術館

同時代のフランドルの画家たちが、その祭壇画や神話画の背景にアントウェルペンのスヘルデ川を好んで描いたのも、同市を誇りとするからであろう。彼らはとりわけ川に停泊する無数の外国の帆船、市を象徴するゴシック様式の大聖堂、裕福な商人たちが自宅に建てた物見塔などを画面に導入した。おそらく作品の依頼者の多くは内外のアントウェルペンの在住者や旅行者だったと思われるが、彼らは神話画、宗教画、風俗画、肖像画などの主題とは関係なく、画面にアントウェルペンの都市景観が描かれていることを楽しんだのであろう。ヤン・マサイスの《フローラ》（一五五九、図❶）では、薄布で上半身を透かす花の女神フローラが画面いっぱいに横たわり、右手にアトリビユートの花をかざしているが、その腕の下から、一五二一年に完成された大聖堂の北塔、密集した市街地、停泊する無数の帆船、左岸の草原や森の風景が展望される。

　版画でも、アントウェルペンの景観を画面に導入することで、その発行地を示す役割を果たした。「四方の風」という屋号の国際的な版画出版業者ヒエロニムス・コックは、ブリューゲルの下絵素描による版画《航行中の四本マストの武装帆船》（一五六二—六五、図❷）で、スヘルデ川岸にある堅牢なヘット・ステーン城塞をかなり目立たせ、見る者に「アントウェルペン製」の版画であることを印象づけた。

❷ ピーテル・ブリューゲル　下絵《航行中の４本マストの武装帆船》1562-65年　銅版画

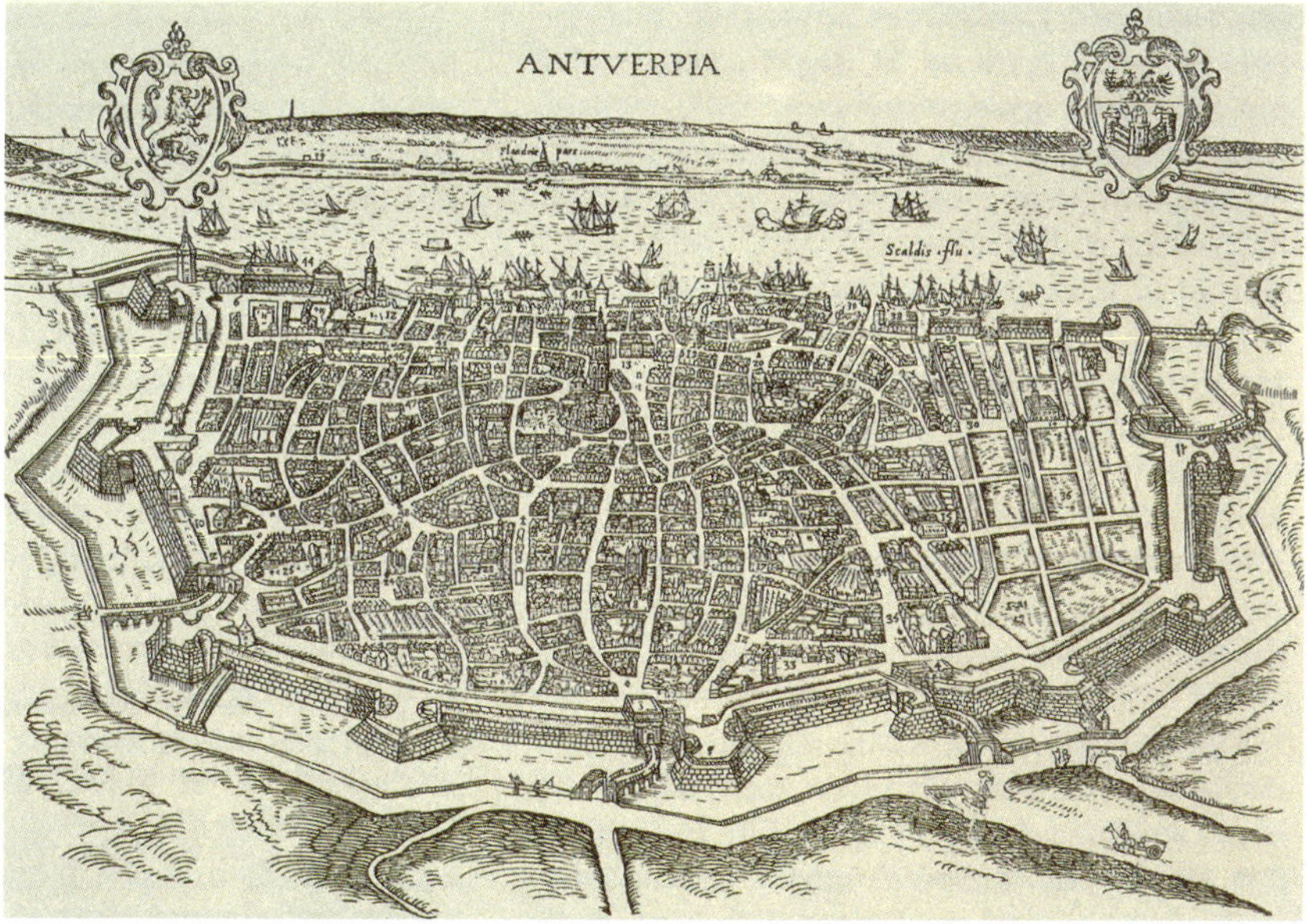

❸ パウエルス・ヴァン・オーヴェルベーケ《16世紀のアントウェルペン市街図》1566年　木版画

ブルッヘから経済の中心都市へ

十六世紀のアントウェルペンはヨーロッ

パで最も重要な貿易・産業・金融都市のひとつとして発展した。それまではブルッヘが南ネーデルラントの経済活動の中心地であったが、ズウィン湾に沈泥が堆積し、大型の船舶が停泊できなくなった。そのためアントウェルペンがその代替地として選ばれた。一五〇五年、アウクスブルクのフッガー家の銀行家たちがブルッヘからここに移ってきたことは、金融市場の決定的な交替を象徴している。パトリシア・カルソンの指摘（一九六九）にもあるように、当時、約八百メートルの幅をもつと思われたスヘルデ川（現在は約四百五十メートル）のあるアントウェルペンは立地条件から見ても、ブルッヘより種々の利点があったという。例えば、ドイツのあらゆる方向からアクセスできるし、アルプス越えをするイタリア人にとってブルッヘよりも近い。北海から航海してくるイギリス人にとっても、海に面したブルッヘよりスヘルデ川の河口からのほうが、海の気象にも直接左右されず、都市に容易かつ安全に接近することができる。だが政治的な圧力で川が閉鎖された場合、海上貿易が決定的な打撃を受けるという弱点もあった。

繁栄をきわめた黄金時代

十六世紀に飛躍的な発展をとげ、中期には黄金時代を迎えたアントウェルペンの繁栄は、いくつかの市街図（図❸）によって伝えられ、今日でも当時の町並みと民家が現存している（図❹）。とりわけ、町のいたるところに見られた物見塔（図❺）は、現存の旧取引所にその面影を見ることができる。こうした塔は、かつてはスヘルデ川に到着した船舶を見つけるために商人たちが住居用に建てたと考えられていたが、むしろ貿易で裕福となった商人たちのステータス・シンボルであった。実際、スヘルデ川では一度に数百の大型の商船が停泊することができ、十六世紀中期には、外港には年間二千五百艘の船が航行したといわれる。当時のアントウェルペンの多くの地図には、川岸に設置されている複数のクレーンが描

❹ ヘーリヒ・ヘースト通り　アントウェルペン

❺ 物見塔のある「旧取引所」　アントウェルペン

かれているが、これは荷揚げ用に欠かせない機械であった。ポルトガルの商人がアントウェルペンへ行くことを「ア・グルア」(クレーンのある場所へ)と表現したほど、これらのクレーンの存在は外国でも知られていた。そしてその使用料は、アントウェルペン市の重要な財源ともなっていた。ブリューゲルが《バベルの塔》(図❻、16頁図❿)の建築現場で、塔の下から三層目に大きな重い石を引き上げるクレーンを挿入したのも、スヘルデ川岸での活躍を意識したからであろう。

❻ ピーテル・ブリューゲル「クレーン」(《バベルの塔》部分)1563年　油彩
ウィーン　美術史美術館

一五二六年のアントウェルペンの人口は五万五千だったが、一五六七年では約二倍の約十万、そして一五六八年頃には、約十二万五千まで増加した。アントウェルペンの人口の七分の一は外国人だったというから、まさに国際都市となったのである。

　グイッチャルディーニは前述の著書の中で、アントウェルペンが繁栄した要因として以下の三つの条件を挙げている。第一に、国際的な市が立ったこと(聖霊降誕祭の十五日前からと、聖母の被昇天後の第二日曜日からで、いずれも六週間継続)、第二に、全ヨーロッパに供給される大半の香辛料が同市で取り引きされること、第三に、川に面していない三方向が三重の市壁で囲まれているなど、都市の防衛がよいことなどである。

　一五三一年、後述する新取引所が建設されると、諸外国の商人たちがこの地に集まった。主要な取引はポルトガルから砂糖やエキゾティックな香辛料(インド産のコショウやシナモン)、イタリアからヴェルヴェット、絹、金銀糸で織られた布地、イギリスから毛織物、南ドイツからの銀や銅、ライン地方からワイン、スペインから果物、バルカン半島から穀物、新世界からはボリビアの鉱山から銀などであった(中澤勝三『アントウェルペン国際商業の世界』)。逆にこの地から輸出されるのは毛織物、フランドル派の絵画、アントウェルペン産の彩色木彫祭壇(数百ピースの組立て式)、ヒエロニムス・コック発行の版画、フランドルのタペストリー(93―95頁参照)、プランタン印刷所出版の書籍などであった。

文化都市の魅力

　トマス・モアが『ユートピア』(一五一六)を執筆したのはアントウェルペン滞在中であった。彼が四ヵ月の旅行で郷愁にかられた時、親友エラスムスや人文主義者たちや冒険家が彼を歓迎し、慰めてくれたという。

❼《グロテスク文様》1566年　銅版画　ヒエロニムス・コック発行

　ドイツの画家アルブレヒト・デューラーは一五二〇年から二一年のネーデルラント旅行で六回アントウェルペンに滞在したが、最初の旅行で滞在した、毛織物商人の住むウォル通り（現存）で壮麗な山車行列を見物して非常に感激した、と日記に記している。だが妻が大聖堂の見物中、スリに遭って財布を奪われ、現金二十フローリンと鍵を盗まれたという話はいかにも大都会らしい事件であった。

　ネーデルラントの芸術と文化の発展にとって非常に重要なのは、詩や戯曲好きのアマチュアたちによって構成されたレーデレイケルス（修辞家集団）の活動であった。元来、フランスに起源を持つ修辞家集団は一四〇〇年頃、南ネーデルラントの各地にも生まれた。最も著名なグループはヘントの「泉」、ブルッヘの「聖霊」「三聖女たち」、ブリュッセルの「マリアの冠」と並んで、アントウェルペンでは「金盞花」「アラセイトウ」（八重咲きの花）「等閑視」「オリーヴの枝」という名前の集団だった。中世ネーデルラントの貴族や知識人たちは子弟をフランス語で教育していたが、十五世紀になってから、母国語であるオランダ語をもっと洗練させ磨き上げるという意識が高まった。修辞家集団たちはオランダ語の詩や戯曲のコンクール、「ラントユウェール」（Landjuweel）と称される国内戯曲コンクールを企画した。このオランダ語の直訳は「国の宝石」であるが、最初、彼らが登場したのはブラバントの射撃大会の導入部においてで、この時、各地の修辞家集団による戯曲コンクールが開催された。メヘレンでの一五一五年を発端に、一五一八年はルーヴェン、一五二一年はディーストで行われ、優勝した修辞家集団の属する都市が次回の開催地となった。とりわけアントウェルペンの「アラセイトウ」は著名であり、一五四一年にも優勝している。一五六一年、第七回目の「ラントユウェール」がアントウェルペンで開催されたが、このコンクール以降、長らく中断されることになった。この時、修辞家集団に課せられた三つのテーマの一つに注目してみよう。「勇敢で勤勉な実業家たちがどのように社会にとって有益であるか」。このテーマは当時のアントウェルペンにとって緊急の課題だったといえよう。同市の経済的な繁栄は取引を行う商人たちの間での公正なビジネスが前提であり、もし不正、詐欺など悪行が横行したら、途端に同市の信用が失墜し、経済の衰退が起こるからである。

　そのほか、アントウェルペンで文化的に活躍した版画出版業者に注目しよう。

　最初は版画家だったヒエロニムス・コックは一五四六年から二年間、イタリアに滞在した。ローマを訪れた時、版画出版業者アントニオ・サラマンカやアントニオ・ラフレリらが大成功を収めているのを知り、大きな刺激を受けた。帰国後、彼は「四方の風」店を開き、知識人だけでなく、一般市民たちの関心のある主題の版画を発行した。生前に彫られた銅板の総数は約千四百点といわれる。版画の主題として、古代ギリシャ・ローマ神話、古代ローマの遺跡、アルプスの雄姿、聖書からの逸話、日常生活に見られるキリスト教道徳の実践、フランドルの農村風景、民衆の祝祭、世界各地の地誌図、建築の内部装飾用のグロテスク文様（図❼）、枠飾りなど、当時の人びとが関心をもつ多様な内容を選んだ。カトリックの布教、人生の教訓、悪徳への諷刺、民衆の笑いなどを導入し、余白にはたいてい、ラテン、オランダ、フランス語で人文主義者による短い銘文を記した。ラファエロ、ブロンジーノ、ジュリオ・ロマーノなど、十五、六世紀のイタリアの巨匠たちによる作品の版画化は大成功を収めた。そのためイタリアからマントヴァ出身のジョルジョ・ギージを招聘し、彫版させた。当時、アントウェルペンに約三百人の画家が活躍していたが、コックはとりわけマールテン・ヴァン・ヘームスケルク、フランス・フローリス、ピーテル・ブリューゲル、ハンス・フレーデマン・デ・フリースなどの評判の画家を版画のための下絵素描家として起用し、その下絵をペーテル・ヴァン・デル・ヘイデンやフィリップ・ハレのような腕の立つ彫版師に版画化させた（ブリューゲルが制作した版画のための下絵素描については第5章の同画家の解説を参照）。

K・ボストゥーンは十六世紀のヨーロッパ文化とは、「国際的なナショナリズムと経済的、地理的、社会的な拡大とのパラドックスによって特色づけられた」と述べているが、国際化したアントウェルペンはその意味でヨーロッパの縮図といえよう。

重要なモニュメント

以下、アントウェルペンの経済と文化の発展にとって重要な建造物について紹介しよう。

聖母マリア大聖堂
Onze-Lieve-Vrouwekathedraal（図❽）

今日の聖母マリア大聖堂の前身は、十二世紀のロマネスク様式の聖堂だったが、ジャン・アムステル・ブーローニュが一三五二年、ゴシック様式の大規模な建築物を建てた。その後、大聖堂の内陣、西側正面、身廊と建設が進み、一四七二年から一五〇〇年にかけてヘルマン・デ・ワーゲマーケレ（一五〇三没）が二つの側廊を完成させた。彼は十六世紀のアントウェルペンにとって最も重要な建築家であり、この他にシント・ヤコブ聖堂や、畜産組合会館や取引所も設計した。息子ドミーンは父の仕事を継承し、一四二〇年からなかなか完成されなかった北塔を、アントウェルペンの経済的な発展の勢いもあり、一五一八年、塔以外を一挙に完成させた（南塔は今日まで未完成）。一五二一年、カール五世はネーデルラントで最も高い百二十三メートルの北塔の完成を見

❽ ヘルマン・デ・ワーゲマーケレ「聖母マリア大聖堂」
1352頃-1521年　アントウェルペン
© Antwerp Tourism & Conventions

て、「この聖堂は一つの王国に値する」という称賛の言葉を贈った。しかし一五三三年の火災で、ネーデルラントで最も美しいブラバント・ゴシック様式のこの聖堂はかなり破損してしまった。さらに一五六六年のカルヴァン派の聖像破壊運動の標的となり、彫像や祭壇画の多くがその犠牲となった。

畜産組合会館（現ヴレースハイス博物館）
Vleeshuis（図❾）

一五〇一年から〇四年にかけて、ヘルマン・デ・ワーゲマーケレ設計による畜産組合会館が建設された。十六世紀初頭といっても北ヨーロッパはイタリアと異なり、依然としてゴシック様式が好まれた時代で、この建物もフランドル・ゴシック様式で、数ヵ所が尖塔で囲まれている。煉瓦と砂岩の組み合わせた外壁は「ベーコン・ステーキ風」と称される、茶色と白の横縞のデザインであった。このユニークな外観が特色となっている十文字枠の窓の建物は、当時のアントウェルペンでは大聖堂を除くと最も高い建物の一つであった。十六世紀では通常、肉を食べる階層はきわめて限られていたので、精肉業者はかなりの富裕層を相手に商売をしていた。その宴会用兼会議室にはタペストリーや金唐革の壁紙が張られ、大理石の暖炉が置かれるなど、内部はかなり贅を尽くしていた。

十九世紀中期までこの建物の中で肉が売買されていたが、ヴレースハイスは現在、博物館として使用されている。中世から近世初期の祭壇画や説教壇、武具、金属細工、聖職者用の刺繍つき外衣、古楽器などのコレクションが公開されている。内部建築もよく保存されているので、現存する重要な世俗建築といえよう。

新取引所（国際取引所）
Nieuwe Beurs（図❿）

元来、アントウェルペン市庁舎の近くにあった二階建ての取引所（ブルス）が狭くなったため、一五三一年、新たに別の場所に建てられた。そこはトワールフマーンデン（十二ヵ月）通り《ストラート》に位置しているが、「十二ヵ月」にわたって取引所が開かれているという意味らしい。設計はドミーン・デ・ワーゲマーケレで、彼が外観をフランボワイヤン様式とルネサンス様式で組み合わせ、

❾ ヘルマン・デ・ワーゲマーケレ「畜産組合会館」（現ヴレースハイス博物館）1501-04年　アントウェルペン

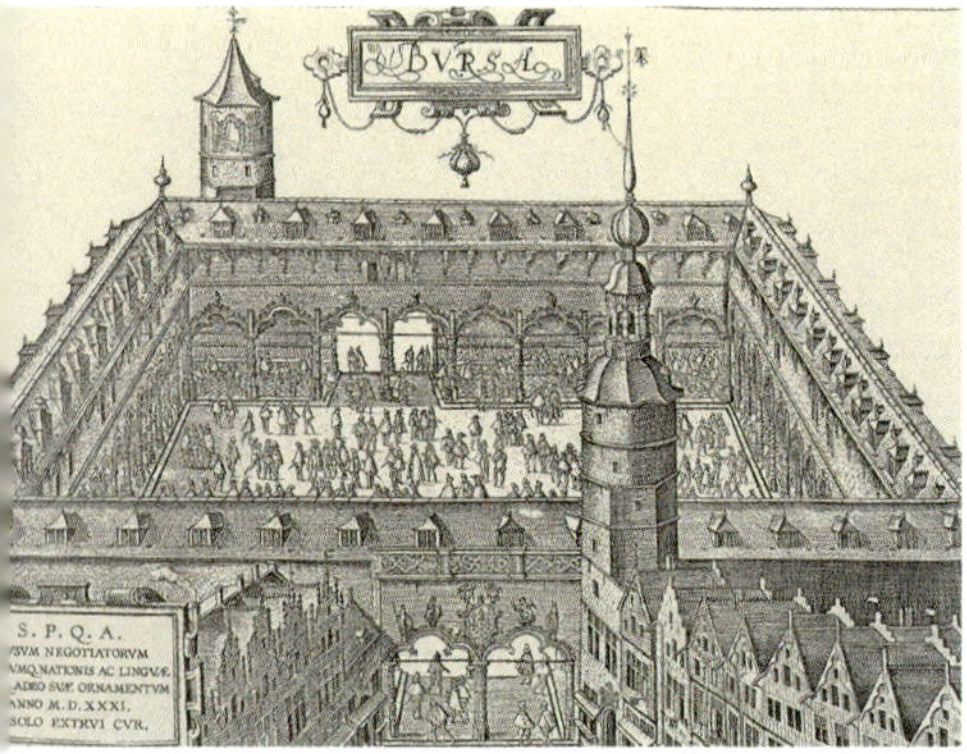

❿ ドミーン・デ・ワーゲマーケレ「新取引所」1531-32年　アントウェルペン（ロドヴィコ・グイッチャルディーニ『全ネーデルラント地誌』1567年版）

南北の塔の屋根をオリエント風とゴシック風にし、中庭のアーケードをムーア様式（スペイン・イスラム様式）にデザインするなど、一種の折衷方式を採用した。外国からの商人が集まる場所という国際性を念頭に置いたからであろう。実際、一日二回、外国商人も交えて会合が開かれたといわれる。中庭に面した回廊の三十八本の円柱にそれぞれ異なった浮彫り模様が施されているが、こうした装飾で、活気ある商取引をいっそう賑やかにしていた。イギリス人の銀行家トマス・グレシャムが一五六六年、女王エリザベス一世のために巨額な資金を調達して建てたロンドンの王立取引所は、このアントウェルペンの新取引所が手本となった。グイッチャルディーニは『全ネーデルラント地誌』で、「広大な世界のあらゆる部分が結合している一つの小世界だ」と評し、町全体の国際色豊かな交流について、こう語っている。「アントウェルペンにはいろいろな性格や身分の人びとが混ざり合い、異なる種々の言語を聞くので、遠くに旅行しなくても、この町だけで多くの外国人の気質、生活様式、習慣を知ることができる」。出版業者ヨアキム・トログネシスが在住者だけでなく、旅人たちのために、オランダ語、英語、ドイツ語、ラテン語、フランス語、スペイン語、イタリア語の『七ヵ国語日常会話集』（一五八六）を発行したのも、国際都市のニーズに応えるためだった。

新取引所は一八六八年の火災で破壊されたが、ヨーゼフ・スハーデが四年をかけて、見事に修復・再建した。近年まで多目的会館として使われていたが、現在は民間経営のイベント会場の予定地となっている。

⑪ コルネリス・フローリス・デ・ヴリント「市庁舎」1561-64年　アントウェルペン

市庁舎 Stadhuis（図⑪、8頁中図）

後期ゴシック様式の旧市庁舎は一五六一年から六四年にかけて、フレーデマン・デ・フローリスのデザイン、コルネリス・フローリス・デ・ヴリントの設計によって、新しい建造物に生まれ変わった。ここは今日、フランドル・ルネサンス様式の代表的な建造物として評価されている。六階からなるファサードは下から順に、ドーリア、イオニア、コリント式の柱頭をもつイタリアの古典主義の建築様式から構成され、中央部の最上階は三角の破風でアクセントをつけ、各階の窓枠はアルベルティ風の片蓋柱で囲まれている。他方、雨や雪の多い国々では屋根の勾配は必要であるが、この市庁舎にはさらに天窓もつけられ、北方的である。

このように、市庁舎にはイタリアとフランドルとの折衷様式が見られる。今日も市庁舎として使われているが、とりわけ「結婚登録の間」には、コルネリス・フローリス作のアラバスタ製の人像柱（カリアティード）のある暖炉など、十六世紀の面影を伝えている。

ヘッセン館 Hessenhuis（図⑫）

アントウェルペン市は外国商人たちの強力な要請で、一五六四年、町に入る荷馬車

⑫ コルネリス・フローリス・デ・ヴリント「ヘッセン館」1564年　アントウェルペン

を夜間に停車させ、彼らの輸入・輸出用の荷物を一時的に安全に保管する大規模な倉庫を建設した。建物には大きな荷車の出入りできる、幅広く高い入口がいくつも設計された。保管された製品にはヨーロッパからだけでなく、アフリカ、アメリカ、アジア産のものも含まれていた。ヘッセン館の完成は市庁舎と同年であり、設計者も同じコルネリス・フローリス・デ・ヴリントに依頼された。こうしたシステムは国際商業活動をする商人たちのニーズではあったが、アントウェルペンを繁栄させる要因の一つでもあった。この建物がヘッセン館と呼ばれる所以は、十五世紀のブルッヘ時代からドイツのヘッセン製の荷車の人気が高く、商業活動がアントウェルペンに移されてからは、この建物にヘッセン製の荷車が盛んに出入りしていたからである。したがって、ここはドイツを含むヨーロッパだけでなく、ポーランドやロシアからの商人たちで賑わい、彼らの御者用の宿泊施設（最上階）や厩舎（一階）も用意されていた。

　今日、この建物は文化財関係のオフィスだけでなく、さまざまな展覧会にも利用されている。例えば一九九九年、ヘッセン館はアントウェルペンで開催された五つの「アントン・ヴァン・ダイク」展の会場の一つとなった。

ハンザ商館
Hanzehuis, Oosterlingenhuis（図⑬）

　別名オーステルリンゲンハイス（「東方の人びとの家」の意）は、金融と貿易の都市アントウェルペンを象徴する建物であった。この建物は、アントウェルペン北西部の新地区（Nieuwstad）に一五六四年から六九年にかけて建設された。この地区に複数の運河を掘削し、道路を作り、湾港の設備を整え、新しい産業地域として開発したのは、都市開発業者、不動産業者で投機家のヒルベルト・ヴァン・スホーンベーケ（一五一九―五六）であった。前述のアントウェルペン市街図（図③）から知られるように、未開発の地区がスホーンベーケによって碁盤の目のようにきちんと区画され、その間を走る三本の運河が互いに連結し、貨物船の停泊に便利なように整備されていること

⑬ ピーテル・ヴァン・デル・ボルフト《ハンザ商館》1564-69年（1581年焼失）銅版画（グイッチャルディーニ『全ネーデルラント地誌』1582年版）

がわかる（彼は土地の区画整理だけでなく、一五四三年から五三年の間に、少なくとも二十四の新しい道路と三つの市場を開いた）。

北ドイツの加盟都市を中心としたハンザ同盟の商人たちはすでにブルッヘ時代に在外商館を持っていたが、より規模の大きいアントウェルペンに移住したとき、彼らの活動拠点となる商館を市庁舎の建築家コルネリス・フローリス・デ・ヴリントに依頼した。完成したのは、高い塔がそびえるルネサンス様式の堂々とした宮殿《パラッツォ》風建物であった。建物の規模は幅八十メートル、奥行き六十二メートル、部屋数百三十三、および倉庫だったが、幅広いファサードは、コルネリスの弟で著名な画家フランス・フローリスの工房で装飾された。ハンザ商人たちは一五八五年のスペイン軍の略奪事件でアントウェルペンを去り、ふたたびここに戻ってこなかったため、その使用期間は短かった。建物は結局、一八九一年の火災で焼失し、現存していない。

⓮「ビール用給水所」1553年　アントウェルペン

ビール醸造者の館（現「ビール醸造博物館」） Brouwershuis (Het Waterhuis)

天才的な都市開発業者のヒルベルト・ヴァン・スホーンベーケは一五五三年、新地区にビール用の給水所（図⓮）を建て、その周辺に二十四軒の醸造所を作ろうと計画した。しかし資金の関係で、実際は十六軒しか完成しなかった。外国人にとってアントウェルペンのビールは「安くておいしい」という評判だったので、新たな醸造所の建設は十分、ビジネスとして成り立ったのであろう。

この給水所が現在、「ビール醸造者の館」(Brouwershuis) と呼称されたのは、実際、この場所でビールが醸造されたのではなく、一五六一年に市立給水所になった後、一五八二年、建物の一室にビール醸造者組合の会議室が作られたからである（十七世紀には豪華な金唐革の壁紙も張られた）。

スホーンベーケの考案した貯水・配水システムは技術的に非常に優れていた。良質の淡水をヘーレンタール近くのフローテ・スヘイン川から水路で二十八キロ離れたアントウェルペンに運び、そこからパイプで給水所地下の巨大な水槽に貯める。給水所の階上では薄暗いランプの明かりで昼夜働く馬を動力にして、垂直の軸を回転させる。すると九十度に嚙み合わせた大小の歯車がベルトコンベアーを回し、そこにとりつけられた四十個の金属性バケツが地下の貯水タンクから次々と水を汲み揚げ、上の小水槽に給水する。さらにパイプを通して最終的に近くのビール醸造所に配水される。この配水メカニズムについて、当時のある日記では「一時間に千個の樽水を運ぶ装置」と絶賛されたが、アントウェルペンで評判になっただけでなく、外国人事業家や技術者たちの間でも、「アントウェルペンの重要な見学所」として話題となっていた。現在は非公開。

女子孤児院博物館 Maagdenhuis（図⓯）

女子孤児院博物館は、前述のヒルベルト・ヴァン・スホーンベーケの寄付によって設立された。孤児院の前身は十四世紀初期、現在のランゲ・ハストハイス通りに位置していたシント・エリザベート慈善病院だった。しかしその後、病院は売却され、十二の農場に生まれ変わった。十四世紀中頃、商人ヘンドリック・スーデルマンが農場の一つに施療院「老女の家」を建てたが、これはストーフ通りの女子巡礼者用宿泊所も兼ねるシント・ユリアヌス施療院と対の建物となった。一五五二年、ヤン・ヴァン・デル・メーレンとスホーンベーケがこの「老女の家」の背後に、貧しい家庭の少女の学校を建てた。これが後に増築され、一五六四年、女子孤児院として発足した（一六三六年にはさらに増築され、女子養老院となった）。

　ここに預けられる孤児は、主として外国人と貧しいフランドル人の娘との間に生まれた子供で、父親が帰国したため、生活苦となった母親が預けた場合が多い。孤児たちはここで暮らしながら、いつか受け取り札（札の半分を親が、残りの半分を孤児院が保管）を持った「金持ちの父親」が迎えにくることを夢見て、文字や裁縫を学び、手に職をつけた。正面ファサードの上部に、市庁舎やハンザ商館の設計者コルネリス・フローリス・デ・ヴリントによる浮彫があって、孤児院に預けられる幼女、また熱心に針仕事を学ぶ少女たちの姿が表わされている。

　スホーンベーケは都市開発業者として蓄積した富を女子孤児院に寄付した篤志家であったが、あまりにも急進的な開発事業を実施したため、住民の反感を買うことになった。彼はブリュッセルに逃亡したが、結局、アントウェルペンの自宅でわずか三十六歳の若さで急死した。生前の彼は、カール五世の妹でネーデルラントの執政マリー（ハンガリー王の未亡人）から、市参事会員や財政官に任命されるなど、宮廷での信頼は厚かった。スホーンベーケを刻んだ木彫胸像は、彼の娘によって女子孤児院に寄贈され、今日、博物館となった展示室にその肖像彫刻（十六世紀前半、図⑯）が保管されている。

　十六世紀のアントウェルペンにおける熱心な救貧活動は、ブリューゲルの版画用下絵素描《愛徳》（一五六〇、図⑰）に伝えられている。「愛徳」の擬人像は頭上にペリカンを載せ（この動物は自分の血で子供を養うといわれる）、二人の子供の手を引いている。周囲には民間団体による救貧活動があり、貧しい人々にパン、衣類、喉の乾いた人には飲み物、牢獄の囚人を元気づけ、病人を励まし、巡礼者に宿を提供し、死者を墓地に埋葬するという七つの慈悲行為が描かれている。これらの慈悲行為は十六世紀中期にアントウェルペンで実施されていた社会福祉政策を示唆している。経済的に豊かにな

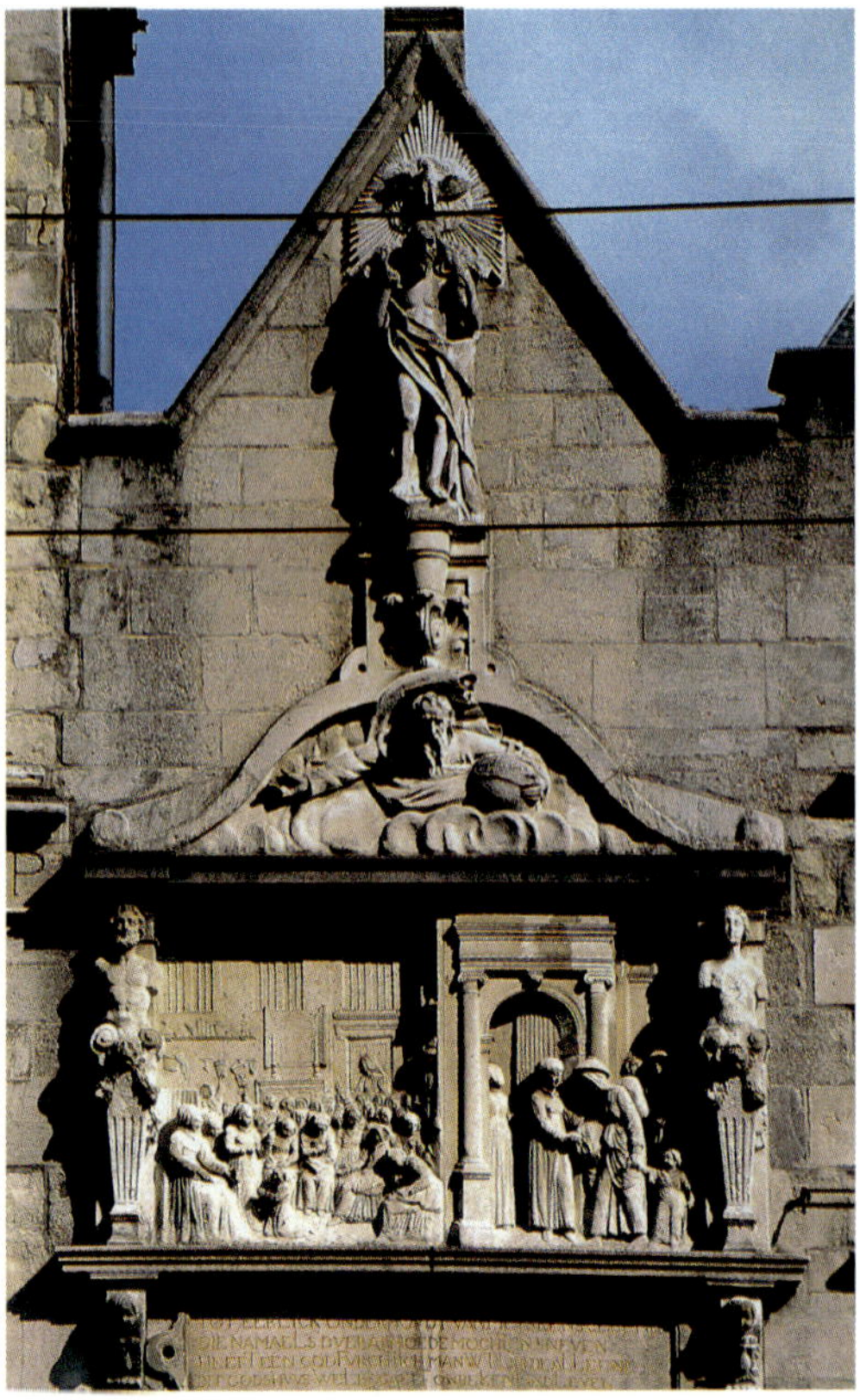

⑮ コルネリス・フローリス・デ・ヴリント
「女子孤児院博物館」（部分）1552年　アントウェルペン

⑯《ヒルベルト・ヴァン・スホーンベーケの肖像》木彫　16世紀前半
「女子孤児院博物館」　アントウェルペン

⑰ ピーテル・ブリューゲル《愛徳》1560年　銅版画

⑱ プランタン＝モレトゥス印刷・出版社（現「プランタン＝モレトゥス博物館」）1555年創設　アントウェルペン

った同市では、教区単位で組織された救貧活動が活発となった。とりわけ民間団体では、この活動のメンバーに推薦されることは名誉だったのである。毎週日曜日の給食だけでなく、クリスマス、復活祭、聖霊降誕、万聖節といった重要なキリスト教の祝日に、シチューに似たフッツェ・ポットという煮込み料理や、牛肉のステーキ、スモークサーモンなどの特別料理が振舞われた。篤志家は市当局から麦、塩、ビール、石鹼、ワインを免税で購入できるという特典を得た。

プランタン＝モレトゥス印刷・出版社
（現「プランタン＝モレトゥス博物館」）
Museum Plantin-Moretus（図⑱）

プランタン＝モレトゥス社は、十六世紀中期からアントウェルペンだけでなく、ヨーロッパ屈指の印刷・出版業社として活躍していた。創設者はフランスのトゥール近郊生まれのクリストフ・プランタン（一五二〇―八九）で、一五四九年にパリからアントウェルペンに移住し、一五五〇年に同市の市民権を

⑲《カール5世の荘厳なる葬儀》1559年　クリストフ・プランタン、ヒエロニムス・コック共同出版

取得した。実際に印刷・出版社を開いたのは一五五五年だが、彼は移住の理由をこう語っている。「世界のどの都市と比べてもアントウェルペン以上の便宜は得られないだろう。さまざまな国の人びとに出会うことができるし、短期間で訓練できるあらゆる職種の職人を見つけられる。この国には有名なルーヴェン大学があり、協力を求めたい教授らがたくさんいる」。

　一五五七年、プランタンは屋号を「黄金のコンパス」とし、店の標語を「勤勉と堅忍」(「ラボーレ・エ・コンスタンティア」)とした。コンパスは二本の脚をもつが、一本はつねに動かすので、「勤勉な労働」を、もう一本は固定しているので、「持続的な堅忍」を意味したのであろう。

　プランタンは一代で約千五百点の書籍を出版するなど、めざましい活躍をした。ネーデルラントでは一五〇〇年から四〇年にかけて約四千点の書物が発行されたが、そのうち、アントウェルペンの百三十五軒の印刷・出版業者は合わせて計二千二百五十点を出版したので、プランタンによる約千五百点という書籍数がいかに驚異的だったかといえよう。こうして十六世紀中期のアントウェルペンでプランタンはネーデルラントの出版業界のリーダー的な存在となった。

　プランタンが発行した印刷物で最初に世間に注目されたのは、三十三枚の銅版画を貼り合わせた、幅八十センチ、長さ十二メートルの『カール五世の荘厳なる葬儀』(図⑲)(葬礼は一五五八年十二月二十九日)で、一五五九年、五ヵ国語で出版された。この大規模なプロジェクトは版画出版業者ヒエロニムス・コックとの共同事業となった。ほかにプランタンはアンドレアス・ヴェサリウスとファン・ワルエルダの『銅版画による人体解剖図註解』(一五六六)、八冊本、総頁数六百の『多言語対訳聖書』(一五六八―七三、図⑳)を上梓。後者は四つの言語、すなわちヘブライ語、聖ヒエロニムス訳によるラテン語＝ヴルガータ訳、別のラテン語、ギリシャ語、ヘブライ語訳とラテン語訳のカルディア語で構成された。この大事業に対し、プランタンは全額ではないが、フェリペ二世からの資金援助を受け、全巻の出版まで六年の歳月を費やした。完成する二年前、彼は「王の筆頭出版業者」に任命された(スコット・リッチー分担執筆の展覧会カタログ『印刷革命が始まった』)。こうしてプランタンは王の保護下で、引き続き多くの聖務日課書、ミサ典書などのカトリック関係の宗教書を発行した。一五七〇年、世界初の地図帳であるが、アブラハム・オルテリウスの『地球の舞台』を出版するが、世界中の商人たちが集まるアントウェルペンで最もふさわしい出版物のひとつといえよう。

この書は発行年の一五七〇年に四回も重版され、七ヵ国語に翻訳された。また本稿でたびたび引用したロドヴィコ・グイッチャルディーニの『全ネーデルラント地誌』（一五八二年版、図㉑）は、現代でも十六世紀研究者にとって非常に貴重な文献である。この書はもともと、ウィレム・シリヴィウスが一五六七年に出版した木版画の挿画入りのイタリア語版を、プランタンが買い取り、一五八二年、イタリア、フランス語の増補版として出版したものである。このプランタン版は当時、ヨーロッパ各地でベストセラーとなったばかりか、やがて英語、オランダ語にも翻訳された。プランタンは一五六七年から約十年後に、十六台の印刷機、八十人の職人をかかえ、ヨーロッパ最大の出版業者となった。

コルネリス・キリアーンなどが編纂した学術性の高いオランダ語、フランス語、ラテン語などの対訳辞書も重要な出版物といえる。キリアーンは約五十年間、プランタンの出版物の優れた校正者、校閲者として活躍した。

だがプランタンは宗教改革の嵐が吹きまくる時代、プロテスタントを擁護する出版物、例えばヘンドリック・ヤンセン・ヴァン・バレフェルトの異端的な著述を発行した。もちろん匿名出版であったが、高度な技術で鋳造された活字から版元が割り出され、苦境に立たされたこともあった。一五六二年に妻とパリへ逃れると、翌年、アントウェルペンで彼の資産が競売に付された（プランタンの意図的行為という説もある）。プランタンはふたたび同市に戻ってからもカトリックとプロテスタントの宗教的な抗争、スペイン政府の弾圧などを恐れ、一時はレイデンに移住した。

プランタンは本のタイトル・ページや挿画を、ピーテル・ヴァン・デル・ボルフトのような多才な版画師に依頼した。プランタンは書籍だけでなく、広く版画の販売を行っていたが、アントウェルペンで発行された版画、とりわけヒエロニムス・コックの「四方の風」発行の版画を購入し、自社の本とともにフランスなどヨーロッパの各地へ輸出した。A・デーレンの研究（一九六九）によると、それら輸出用の版画の中にはブリューゲル版画も含まれており、例

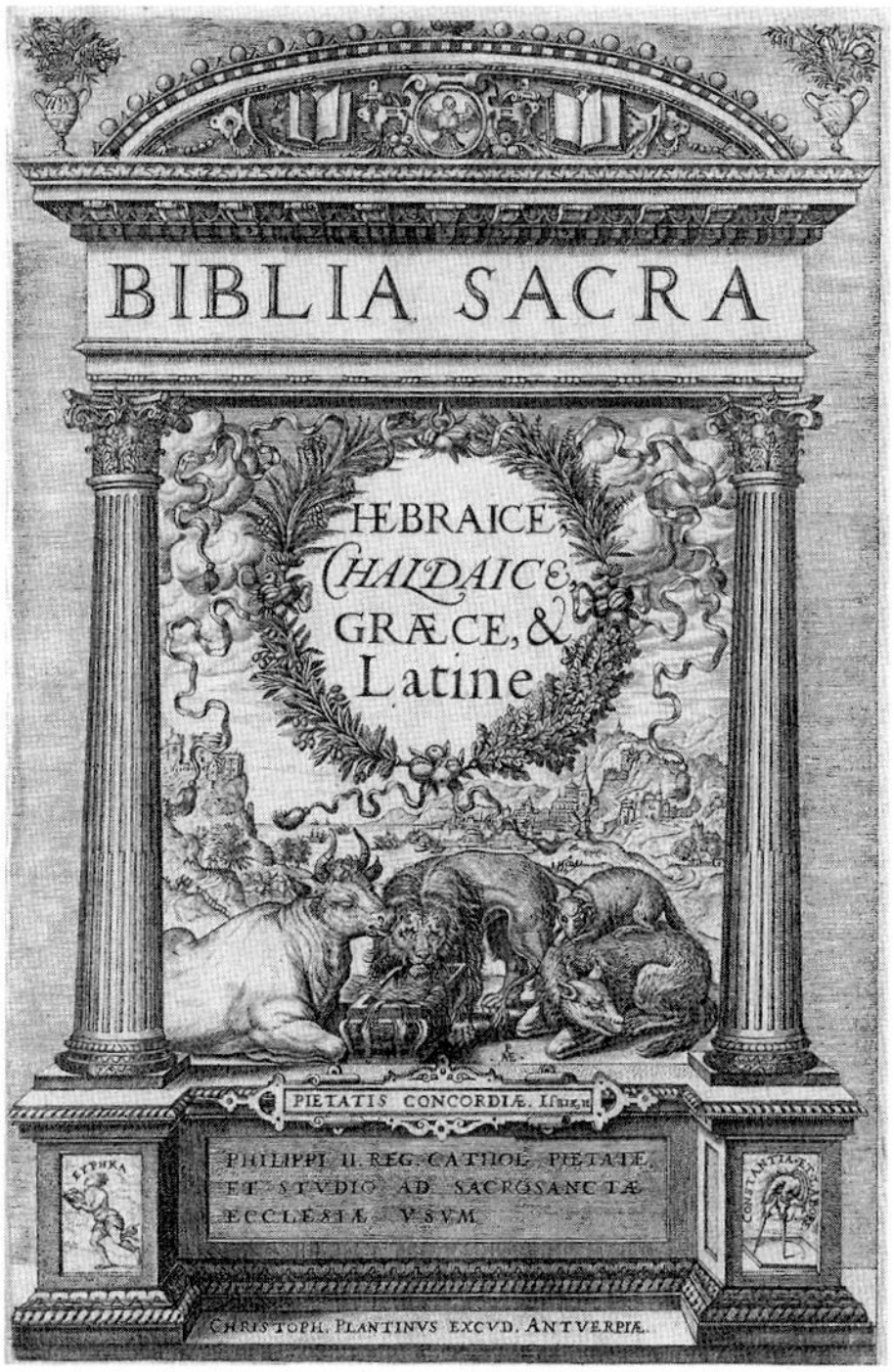

⑳ アリアス・モンタヌス『多言語対訳聖書　第１巻』1568-73年　プランタン出版

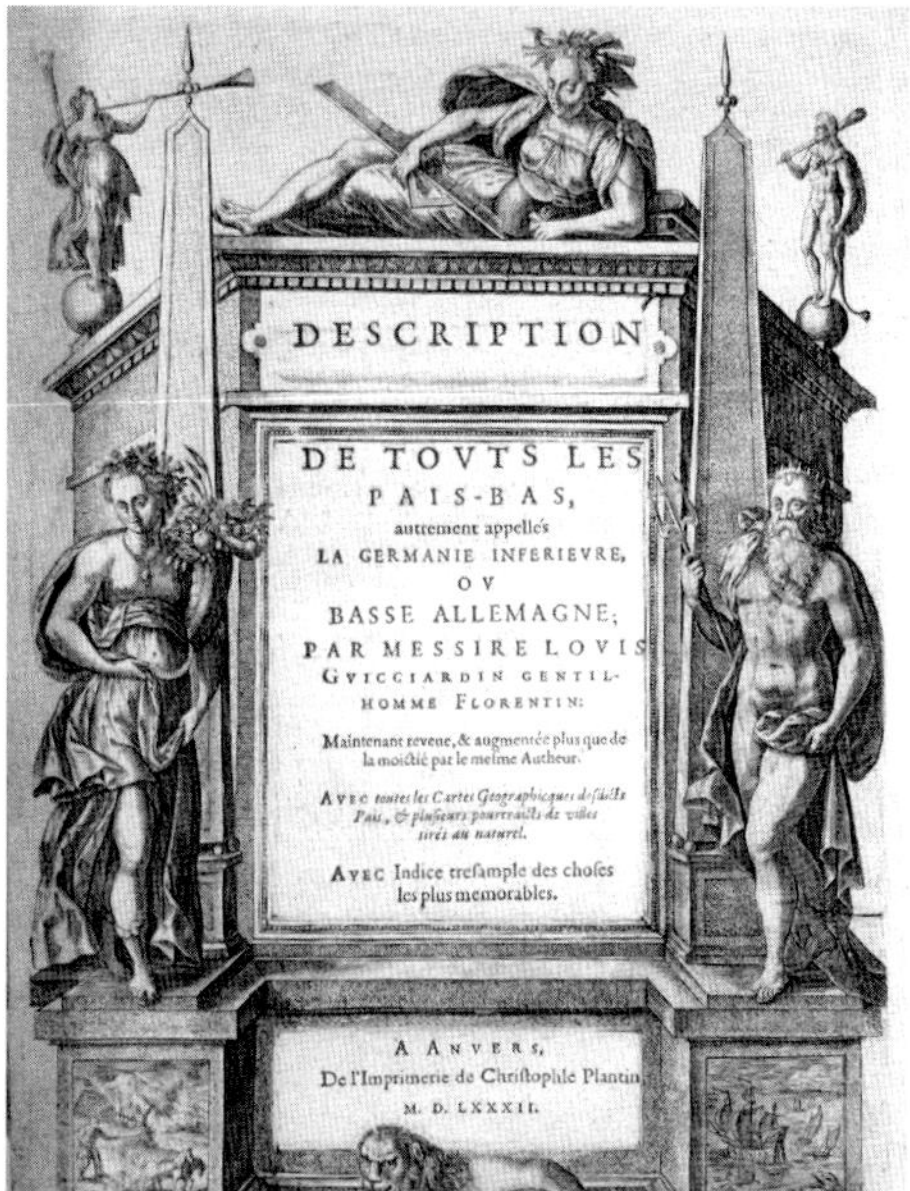

㉑ ロドヴィコ・グイッチャルディーニ『全ネーデルラント地誌』1582年版　プランタン出版

㉒ 無名画家《メイル通りの市場》（部分）16世紀末　油彩　ブリュッセル　ベルギー王立美術館

えば七点一組「七つの罪源」が二十九セット、《忍耐》は四十六点、《学校の中のロバ》が二十一点あったという。

　プランタンの死後、彼の出版事業は娘婿ヤン・モレトゥス一世をはじめ、バルタザール一世、モレトゥス二世など、八代にわたり引き継がれた。しかし一七六四年、外国の印刷出版社に対するスペイン国王の特典排除令の打撃を受けたり、十九世紀には新しい工業化時代に印刷機が古くて適応できなくなったりしたため、ついにエドワルト・モレトゥス（一八〇四—八〇）の時代に、三百年以上にわたるプランタン＝モレトゥス印刷・出版業と書店の歴史は終幕となった（フランシーヌ・ド・ナーブ『プランタン＝モレトゥス博物館』）。

　プランタン＝モレトゥス社は一八七七年、市立の博物館として発足することになった。それまで使用されていた印刷室、校正室、書店、オフィス、家族の客間や書斎、また活字、印刷機、出版した書物、絵画コレクションなども含めて、一般に公開された。さらに画期的な出来事は二〇〇五年七月、ユネスコの世界文化遺産に認定されたことである。この印刷博物館が十六世紀以来の歴史的な建物と設備、記録文書、営業台帳などを完全に保存してきた施設として、高く、評価されたからである。

十六世紀の民家、商人の家

ヘントやブルッヘに比べ、現代、大規模な都市化が進んでいるアントウェルペンでは、十六世紀の民家ないし商家を町の中で見出すのは容易ではないと思われている。だが実際には完全に修復され、かつての外観を再建・復元された民家も少なくない。ストゥール通りには、今日、アントウェルペン唯一の木造の民家（石枠は一五〇〇頃、一九七三―七四に再建）があるが、切妻屋根、三つ葉形の「破風板」（けらば）、各階の張り出しは、盛期ゴシック様式風である。

十五世紀まで毎週、市が立っていたアウデ・コールンマルクト（旧穀物市場）通りやその周囲の路地には、当時の面影を伝える十数軒の民家や商家がある。この通りはフローテ・マルクト（大広場）の近くにあるが、

㉓「隠遁者の家」（左から２軒目）1500年頃　アントウェルペン　© Antwerp Tourism & Conventions

十六世紀末に制作された無名画家の《メイル通りの市場》（図㉒）の「描かれた民家」と比べると興味深い。このアウデ・コールンマルクト通りに十六世紀に建てられた、石と煉瓦の「隠遁者の家」（図㉓）が保存されているが、階段状の破風、ファサードの二重の三つ葉装飾なども明らかに、盛期ゴシック時代の木造の様式を踏襲している。なおこの家には十三世紀の地下室が保存されている。一六二五年まで、ドイツのハンザ商人たちによって使用されていたことも知られる。さらに十六番地の家の隣にある有名な路地（Vlaeykensgang）に入ると、十六世紀に建てられた小さな十一軒の家が残されている。

十六世紀中期になると、家屋で密集した都市アントウェルペンでは、木造の新築が法的に禁じられた。火災の犠牲になりやすいからだ。しかしこのように、多くの民家が煉瓦造や石造になっても、木造時代のファサードの様式を踏襲していたのである。

十六世紀アントウェルペンあるいはブラバント地方の民間の建物の特色は、最上階のすぐ下にある三つの開口部のうち、真ん中が左右の窓よりも大きく、開口部の上枠ないし下枠のラインが揃っていないことと、中央はとくに薪や大きな荷物をロープで引き上げるために使用されたことである（図㉔）。

市庁舎前のフローテ・マルクト（大広場）にも、ラシャ製造業会館（一五四一）、桶屋会館（一五七九）、聖ルカ組合会館、弩会館（一五八〇―八二）の建物群（8頁参照）があり、訪れる者を十六世紀にタイムスリップさせるが、多くは二十世紀に修復された。これらに対し、市庁舎やハンザ館など、大規模な建築は一般的に、イタリア・ルネサンス様式を当世風として採用した。

㉔「荷物運搬用の開口部のある家」プランタン社　16世紀　アントウェルペン

カール五世

河原 温

カール五世は一五〇〇年一月五日に、ヘントのプリンゼンホフで当時のフィリップ端麗公とカスティーリャ王女ファナとの間に生まれた。ネーデルラント人として育ったカールは一五〇六年に父親を亡くし、ネーデルラントの所領を継承したが、実質的な統治は彼の摂政となった伯母のマルグリート・ドートリシュ（在位一五〇七—三〇）にゆだねられた。カールは十五歳で後見から解放され、十七歳の時、アラゴン王フェルディナンドの死によってカスティーリャ・アラゴン王位を継承した。以後、ネーデルラントはスペイン・ハプスブルク家の支配の下でヨーロッパの権力政治の中心的舞台となっていく。一五一九年に祖父であり、神聖ローマ皇帝のマクシミリアン一世がこの世を去ると、カールはフッガー家の支持を得て皇帝選挙に勝利し、神聖ローマ皇帝位を継承した。

カール五世とマルグリート・ドートリシュの統治の間、ネーデルラントの政治的統合は進行した。カールはフランス王フランソワ一世やアンリ二世と争って、トゥールネを獲得し、フランドル・アルトワ地方をフランスの宗主権から引きはがした。さらにリエージュとユトレヒト司教領の世俗的支配権を獲得して、ネーデルラント諸州を政治的に統合していった。一五二二年以降、カールはネーデルラントを離れたので長期的に滞在することはなかったが、一五三一年にブリュッセルに国事評議院、内務評議院、財務評議院を設置し、ネーデルラントの一体的政治のための基盤を築いた。

カールはネーデルラントの全国議会を尊重し、各州の地方自立主義を容認したが、他方で強力なネーデルラント諸都市の自立の動きを抑え、一五三九—四〇年のヘントの手工業ギルドの反乱に際しては厳しく対処し、反乱終結後にヘントの手工業者が従来保持してきたさまざまな特権を剝奪している。こうしてヘントは、中世では享受できた特権的な自治都市としての性格を失ったのである。

一五四九年のカールによる国事詔書の発布により、ネーデルラントは以後、「十七州」からなる領邦連合として不可分の領域をなすことが定められた。このためカールの治世を通じて、ネーデルラントは共通の民族意識の形成に向かった。スペイン人からは「ヘントのカルロス」と呼ばれたというこのネーデルラント出身の支配者は、一五五六年に退位し、息子のフェリペ二世にスペイン王位を譲ってスペインの修道院に隠棲し、一五五八年に没した。

《カール５世肖像》

タペストリーの黄金時代

森 洋子

十六世紀は「タペストリーの黄金時代」と称されるほど、その歴史において最も重要な時期を迎えた。現在、スペインの国有財産所蔵庫には約三千百枚のタペストリーが所蔵されているが、その六分の一は十六、十七世紀の貴重なフランドル産タペストリーといわれている。その中でもブリュッセル産の役割は重要だった。すでに十五世紀には、アラス（当時はネーデルラント領）やトゥールネ、十五世紀末から十六世紀にかけてブルッヘ、アウデナールデ、メヘレン、ヘラールツベルヘン、ルーヴェンの各地で、伝統的なタペストリー産業が盛んになったが、とりわけブリュッセルはヨーロッパにおけるタペストリー産業の中心地となった。実際、当時のブリュッセルでは人口の四分の一がこの産業に従事していたといわれる。機織り機やその部品の製造、麻や羊毛の紡錘、デザイン、染色、織りというさまざまな作業工程において、膨大な数の熟練した織工や職人を必要としたからである。

タペストリーのサイズはたいていが縦四、五メートル以上、幅八、九メートル以上という大画面で、一枚を完成するのに、七人がかりでも数カ月かかるという。しかも単品というよりは、四、八、十二枚で一セットというケースも少なくないため、ブリュッセルの人口や都市の豊かさがこの産業を世界的な規模に育成することができた。当時、同市に宮廷があったこともその需要の一助となった。というのもスペインおよびオーストリア・ハプスブルク家の一族が最大の依頼者であり、なかでもネーデルラントの統治者カール五世は群を抜いていた。彼のために織られた九点セットの「ロス・オノーレス」シリーズ（図❶）は、アーヘンでの神聖ローマ皇帝戴冠式用に制作された、十六世紀の代表的なブリュッセル産タペストリーといえよう。

タペストリーの下絵（カルトン）は十六世紀初期には、ラファエロやジュリオ・ロマーノといったイタリアの画家たちに依頼されたり、彼らの絵画の構図を転用した。しかしやがて、イタリア・ルネサンス様式を駆使するフランドルの画家が起用されるようになった。ブリュッセルに住んでいた執政マルグリート・ドートリシュの宮廷画家であったベルナルト・ヴァン・オルレイや、その弟子ミキール・コクシー、ブリューゲルの師でもあった画家ピーテル・クック・ヴァン・アールストなどが下絵を制作した。ヤン・コルネリス・ヴァン・ヴェルメイエンはカール五世のチュニジア戦役に自ら従軍し、その戦況をタペストリーのための下絵に表現した。イタリアとスペインで活躍したペーテル・ド・ケンペネールは、その豊富な経験からブリュッセル市の公式下絵画家に任命された。彼らの作風は、幾何学的遠近法、解剖学的に考慮された人体表現、ドラマティックな劇場風構図を得意とし、主題は古代神話（オウィディウスの語る神々の転身譚やヘラクレスの功業）、歴史的な故事（ロムルスとレムスのローマ建国物語）、旧・新約聖書（トビヤスの物語やキリストの受難）、罪源や徳目のアレゴリー、森での鹿や猪狩り（皇帝マクシミリアン一世の狩猟）、十二ヵ月にわたる農民の野良仕事（図❷）など、同時代の絵画の趣向に呼応するものだった。だが、大画面だからこそ表現できるモニュメンタルな主題が愛好され、古代ローマの神殿やルネサンス宮殿とその庭園を舞台に、画面いっぱいに貴族たちと大勢の廷臣や従者、擬人像とそれを支える寓意人物らが登場している。依頼者は婚礼や戦勝の祝宴、また狩猟パーティや季節の行事など、折々の機会に合わせ、タペストリーを「移動できる壁画」として飾ったのである。

代表的な織物業者として、十六世紀後半

❶ ピーテル・ヴァン・アールスト《運命の島》（「ロス・オノーレス」のシリーズ）1520-25年　タペストリー　マドリード　パトリモニオ・ナショナル

❷《10月　種蒔き》1528年　タペストリー　ニューヨーク　メトロポリタン美術館

ではローマ教皇の仕事をしたピーテル・ヴァン・アールスト（通称ヴァン・エディンゲム）、ピーテルとウィレム・パンネマーケル、後半ではヤン・ヴァン・ティーゲム、レオ・ヴァン・デン・ヘッケらが知られる。ブリュッセル産はかつて縁飾として草花や果実の連房を描写したトゥールネ産やアウデナールデ産と異なり、プットーや寓意的な人物像、グロテクス文様、武具などバラエテ

❸ ウィルギリウス・ボロニエンシス《16世紀のタペストリー・パント》（部分）1556年　木版画　手彩色

ィに富むモティーフを挿入し、時には人文主義者による格言や銘文を画面に記した。しかも六エル（約七・三二メートル）以上の長さのタペストリーは一五二八年以降、品質検査を受け、都市ブリュッセルとブラバント州のマークBBを、一五四四年には大きなタペストリーにはBBだけでなく工房のマークをも表記することが義務づけられた。

　タペストリーはたとえ一点でも非常に高価で、その所有は富の象徴ともなった。依頼者は大きな宮殿、城、館の持ち主だけでなく、広い空間を備えた修道院や聖堂も加わった。一般にブリュッセル産のタペストリーは、一センチ角に織り込まれた糸の本数が八本から十二本（他の地域の工房では五、六本）、しかも麻、羊毛、絹糸、金糸、銀糸など豊富な材料が使用され、それによって図柄がきわめて緻密に表現される。その中でも技術と図柄の素晴らしいブリュッセル産のタペストリーは人気が高く、世界中からの注文が絶えなかった。十六世紀のタペストリーは十七世紀よりも色彩が鮮明で退色度が少ないと、今日では評価されているが、それほど当時のものは品質が高かったのである。タペストリーの販売は国際商業都市アントウェルペンが中心となり、タペストリー・センターともいえる二階建ての四棟が接合した「タペストリー・パント」（パントはビルディングの意味）が一五五一―五三年に、ヒルベルト・ヴァン・スホーンベーケの発案で建設され、そこで大々的に取引されたのである（図❸）。スホーンベーケはアントウェルペンを代表する不動産投資家であり、このビジネスの成功を予測したのであった。それだけでなく、彼はパントによって得られる家賃収入にいちはやく着目した実業家であった。

　ローマのヴァチカン宮殿から送られたラファエロの下絵《ペテロの使徒言行録》シリーズは、ブリュッセルのピーテル・ヴァン・アールスト工房で十六世紀中頃に織られた。ヘンリー八世もロンドン郊外にあるハンプトン・コート宮の「グレート・ホール」のために、一五四〇年代、ブリュッセルのウィレム・ド・ケンペネール工房に旧約聖書に由来するイスラエル民族の祖《アブラハムの物語》を注文したが、それには自らをアブラハムに寓意化した政治的な意図があった。このようにタペストリーは壁面の装飾や冬期の保温効果といった実用的な役割だけでなく、儀式やイベントの際の廷臣や来客に対する城主のメッセージがこめられていたのである。

第7章

十七世紀フランドル絵画の三巨匠——ルーベンス、ヴァン・ダイク、ヨルダーンス

ヘレーナ・ブッセルス
（伊藤里麻子訳）

ルーベンスとその国際工房

一五八五年は、ネーデルラントの歴史およびフランドルとブラバントの文化にとって、画期的な年であった。当時のネーデルラントはカトリックのスペイン国王フェリペ二世の統治下にあった。そのネーデルラント総督アレクサンドル・ファルネーゼに反抗していた南ネーデルラントの都市のなかで、最後まで抵抗を続けていたアントウェルペンが降伏したのは、八月二十七日のことだった。スヘルデ川が封鎖されたために、原料の輸入とブラバントの産物を輸出する主要な貿易ルートが絶たれ、フランドルは深刻な経済の危機にみまわれた。多数のプロテスタントがオランダに亡命したことによって、労働力の枯渇が生じた。その結果、南ネーデルラントには闘争的なカトリックの勢力が増大し、北ネーデルラントは本質的にプロテスタントのカルヴァン派となる。

南北に分かれたものの、経済的な中心地であったアントウェルペンには、かつてないほどの絵画芸術の華がひらいた。優れた彫刻家、名を馳せた金工細工師、タペストリー制作者、家具工芸家も多かった。しかし、なかでも三人の画家が頂点に輝いている。ペーテル・パウル・ルーベンス、アントン・ヴァン・ダイク、ジャック・ヨルダーンスである。彼らはともにアントウェルペンで活躍し、その周辺地方に芸術的足跡を残したのである。

ペーテル・パウル・ルーベンス（一五七七―一六四〇）は、ウェストファリアに生まれた。彼の家族は、父親の死後、アントウェルペンに戻る。この地で若きルーベンスは、ルネサンスの人文主義者によって教育を受け、最高の画家たちの工房で修業した。師匠たちはいずれも、ルネサンス後期、およびイタリア・マニエリスム様式の伝統的な画家だった。一五九八年に、ルーベンスは聖ルカ組合の親方になった。聖ルカ組合は、そのギルドに属する職業の商売と修業制度を統率している団体組織であり、画家を職業とするならばここに親方として登録するのが義務づけられていた。

二年後、彼はイタリアに旅行し、その芸術を完成させるとともに画家としての輝かしい一歩を踏みだすことになる。ルーベンスはマントヴァ公ヴィチェンツォ・ゴンザーガの宮廷画家となり、マントヴァ公は彼にイタリアの主要な芸術の中心都市を訪れることを薦めた。イタリア滞在の数年間は、ルーベンスの未来を決定したといってよい。彼はイタリア・ルネサンスの巨匠の作品を模写し、古代芸術を研究した。この時期のルーベンスの作品に、《聖母子の画像を崇める聖グレゴリウスと諸聖人》（図❶）の祭壇画がある。これはローマのサンタ・マリア・イン・ヴァリチェッラ聖堂の注文により作成したものであり、現在はフランスのグルノーブル美術館が所蔵している。たちのぼる朝の光に照らされた画面に、色彩の輝かしい饗宴と完璧なバランスのとれた構成とを合わせ持つ、ルーベンスの最初の傑作である。

ルーベンスは一六〇八年にアントウェルペンに戻ると、アルベルト大公とイサベル大公妃の宮廷画家に任命される。まもなく

彼は、あちこちから多くの祭壇画の注文を受けるようになる。このうち最も著名な作品は、アントウェルペンの聖母マリア大聖堂にある《キリストの十字架降下》（図❷）である。一六一六年から二一年にかけて、ルーベンスはワッペルにある邸宅と庭を改装し、新しい装飾を施した。この家は現在では「ルーベンス・ハウス」（ルーベンスの家）という名の美術館になっている。彼はこの家に工房を構え、その死に至るまで住んでいたのである（106頁参照）。

ルーベンスの宗教画の人気は高まり、一六二〇年にアントウェルペンにあるイエズス会からその聖堂の天井画三十九枚の注文を受けるに至って、彼の受注した宗教画はその数においても頂点に達した（この祝祭的な装飾画は、残念ながら一七一八年の火災により焼失した）。一方、この頃、人文主義教育を

❶ ペーテル・パウル・ルーベンス《聖母子の画像を崇める聖グレゴリウスと諸聖人》1607-08年　油彩
グルノーブル美術館

❷ ペーテル・パウル・ルーベンス《キリストの十字架降下》(部分)1611-14年　油彩　アントウェルペン　聖母マリア大聖堂

受けたアントウェルペンの商人貴族が、ルーベンスが描く神話画の作品を高く評価した。この時以来、ルーベンスは外国の王侯貴族からの特別な注文に専心取り組むことになる。その例が、現在パリのルーヴル美術館に所蔵されているメディチ家からの注文の連作である。ルーベンスはマリー・ド・メディシスのために、彼女の生涯とその統治のおもな出来事を二十五枚の場面に描いた。この歴史画の連作には、バロック美術の特徴と華麗な要素がすべて表現されている。寓意的な場面が、ルーベンスの想像力によって比類ないほどの迫力に満ちたものとなって描かれている。ルーベンスはその他にも、聖体拝受の主題を描いたタペストリーの下絵を描き、さらに数え切れないほどの祭壇画を制作した。祭壇画の題材として彼が好んだのは、《聖母マリアの被昇天》（図❸）であり、最も優れた代表作はアントウェルペンの聖母マリア大聖堂の作品である。しかし、宗教画において彼の芸術の特色である色彩と光の融合のもたらす効果が最も見事に表現された主題は、受難と殉教の場面である。例を挙げれば、《聖リヴィニウスの殉教》（図❹）、《十字架を担うキリスト》であり、ともにブリュッセルのベルギー王立美術館に所蔵されている。

❸ ペーテル・パウル・ルーベンス《聖母マリアの被昇天》1624-26年　油彩　アントウェルペン　聖母マリア大聖堂

その一方で、ルーベンスは多くの時間を外交の任務に費やすようになった。外国からの注文だけではなく、外地に赴いた際の外交官としての使命も彼の仕事になっていったのである。

ルーベンスの最初の妻イサベラ・ブラントは、一六二六年に死去する。一六三〇年にイギリスから帰国すると、五十三歳のルーベンスは十六歳の少女ヘレナ・フールマンと再婚した。ヘレナは、彼の宗教画や神話画に素晴らしいモデルとして登場するが、それ以外にもルーベンスは彼女を数多くの肖像画に描き、その姿を永遠にとどめた（ルーヴル美術館、パリ。グルベンキアン美術館、リスボン）。一六三六年にルーベンスは、スペイン国王フェリペ四世からマドリード近郊の狩猟小屋トーレ・デラ・パラーダのために、オウィディウスの『転身物語』の百枚以上の注文を受けた。ルーベンスの真筆である。この作品のスケッチがすべて残っており、バロックの最も注目すべき作品群に数えられる。

❹ ペーテル・パウル・ルーベンス《聖リヴィニウスの殉教》1633年頃　油彩　ブリュッセル　ベルギー王立美術館

晩年のルーベンスは、聖書の主題や肖像画のほかに風景画に惹かれるようになっていった。イギリスからの帰国後、彼は画面に光の満ちた内的感情のこもった豪華で抒情的な風景画を制作した（ロンドン、ナショナル・ギャラリーとウォーレス・コレクション）。

この比類なき巨匠の威光とその影響は計り知れない。その画業は偉人のみがなしうるものである。ルーベンスはフランドル・バロックという一つのスタイルを創りあげたのである。

ヴァン・ダイク

アントウェルペンの生んだ三人の天才画家のうち二番目に登場するのは、アントン・

ヴァン・ダイク（一五九九―一六四一）である。ヴァン・ダイクは、一六一八年から二〇年にかけてルーベンスの工房で修業し、この巨匠の傍らで学んで、その芸術と画風を完全に理解した。ルーベンスが、ヴァン・ダイクを「私の最良の弟子」と呼んだのも不思議ではない。その後一六二〇年に、ヴァン・ダイクは聖ルカ組合に親方として登録している。

ヴァン・ダイクの生涯は旅が多かった。一六二〇年に彼はイギリスに赴き、国王ジェイムス一世とバッキンガム公のために仕事をした。イギリスで彼は、ティツィアーノの作品を知るようになる。ティツィアーノの作品に対するヴァン・ダイクの傾倒は、その後の彼の芸術の基盤をなすことになり、彼はイタリア旅行を熱望するようになる。一六二一年にはイギリスから帰国し、アントウェルペンに八ヵ月とどまった。この時期、ヴァン・ダイクは、初期の代表作を制作している。《フランスおよびマルガレータ・スナイデルス夫妻の肖像》（ニューヨーク、フリック・コレクション）であり、肖像画の名手としての技巧がいかんなく発揮されている。同年の十一月末にはイタリアのジェノヴァに到着した彼は、ヴェネツィア、ボローニャ、フィレンツェ、ローマを旅した。ローマでは重要な注文をいくつか受けて制作しており、その代表的なものは実物大の肖像《グイド・ベンティヴォーリオ枢機卿の肖像》（図❺）である。枢機卿の知的な顔には鋭く光が当たり、その瞳は細密に描かれ、衣服の赤の色彩とその材質感、陰影の微妙なニュアンスが見事なこの肖像画は、ヴァン・ダイクの作品の中でも、最も印象的なものである。

ルーベンスとは異なり、ヴァン・ダイクは古代の古典芸術にあまり関心をもたなかった。彼は、ルネサンスの伝統を受け継ぐ人文主義的な画家とはいえない。彼の知性

❺ アントン・ヴァン・ダイク《グイド・ベンティヴォーリオ枢機卿の肖像》1625年頃 油彩 フィレンツェ パラティーナ美術館

❻ アントン・ヴァン・ダイク《狩場のチャールズ1世》1635年頃 油彩 パリ ルーヴル美術館

は本質的に視覚的なものであり、その画風は、感覚的に訴える見事な効果を狙ったものであった。

ローマをあとにした彼は短期間、シチリア島のパレルモに滞在し、この間に《ロザリオの聖母》（パレルモ、オラトリオ・デル・ロザリオ礼拝堂）を制作した。優れて感覚的かつ感情的な作品である。その後、ジェノヴァに戻り、イタリアの貴族から肖像画の注文を多数受けた。ヴァン・ダイクの肖像画は、師匠のルーベンスにならいながらルーベンスよりもさらにモデルの偉大さを強調するものである。この時期の代表作は、《ロメッリーニ家の肖像》である。

一六二七年の冬に、ヴァン・ダイクは今をときめく画家となって帰国し、一六三〇年には大公妃イサベルの宮廷画家に任命された。次のイギリス旅行までの期間にヴァン・ダイクは、フランドルとブラバントの貴族の肖像画を多数手がけた。最も官能的といえる作品が、《マリア・ルイザ・デ・タッシス嬢の肖像》（ウィーン、リヒテンシュタイン侯家コレクション）である。マリア・ルイザは、アントウェルペンの市評議員のアントン・デ・タッシスの娘であった。暗い背景に浮かびあがるサテンのドレスとレースの衣装と真珠のアクセサリーの輝きに劣らず、やわらかく流れるようなカーネーションの花束の描写が見事である。

肖像画のみがヴァン・ダイクの関心であったわけではない。彼は、歴史画の巨匠としての名声も望んでいた。アントウェルペンのアウグスティノ修道会の注文によって制作した劇場的な祭壇画《法悦の聖アウグスティヌス》によって、宗教画家としての名声も確立する。この作品は一六二八年の六月に完成し、同じ聖堂に、ルーベンス、ヨルダーンス、ヴァン・ダイクの三巨匠の祭壇画を並べるという壮大な計画の一環として制作されたものである。

❼ ジャック・ヨルダーンス《王様が飲む》（豆の王様の祝宴）1640年頃　油彩　ブリュッセル　ベルギー王立美術館

　この頃から彼は一つの計画に取り組み、この仕事はその死に至るまで続くことになる。それは、当時の有名人を職業別に描くというものであり、政治家、軍隊の士官、哲学者、芸術家、収集家などを、次々に取り上げた。このシリーズは《イコノグラフィア》と名づけられた。また彼は、数多くの宗教画にも取り組んだ。キリストの磔刑、聖母マリアの嘆きといった主題の作品で、当時のカトリックの改革の精神をよく伝えている。いずれも神秘的な宗教表現に満ちており、ヴァン・ダイクの芸術の特徴をよく伝えている。

　一六三二年に、ヴァン・ダイクはふたたびイギリスに旅行し、国王チャールズ一世とそのフランス人王妃アンリエット・マリーの首席宮廷画家に任命されるという栄誉に浴した。数え切れないほどの肖像画を描かせた王家一族にならって、イギリスの貴族は競って彼に肖像画を依頼した。なかでも国王チャールズを描いた《狩場のチャールズ一世》（パリ、ルーヴル美術館、図❻）は傑作であり、いかなる賞賛にも値するといえるだろう。この作品において彼は、理想的な肖像画を完成させながらも画面には詩的な情感を漂わせている。

　ルーベンスの死（一六四〇）後まもなく、ヴァン・ダイクはアントウェルペンに戻り、その後パリに向かった。この旅行はルーヴ

❽ ジャック・ヨルダーンス《老いが歌えば、若きが笛を吹く》1638年頃
油彩　アントウェルペン　王立美術館

ルのグランド・ギャラリーの装飾責任者に任命されることを願ってのことだったが、希望はかなえられず、病気にも悩まされることになる。失意のヴァン・ダイクは三たびロンドンにおもむき、彼の地で一六四一年に息をひきとった。その遺骸はセント・ポール大聖堂に葬られた。

ヴァン・ダイクの重要性は、その肖像画にある。洗練された優雅な表現と豊富な色彩をもって描かれた彼の作品は、同時代人に深い印象を与え、後の画家や収集家をも惹きつけてやまないのである。

ヨルダーンス

ルーベンス、ヴァン・ダイクとともに、アントウェルペンの絵画の隆盛に貢献した画家が、*ジャック・ヨルダーンスである。彼の作品は故郷でも海外でも人気が高かったが、ルーベンスやヴァン・ダイクと異なり、ヨルダーンスが故郷を離れることはほとんどなかった。彼は一五九三年にアントウェルペンに生まれ、アダム・ヴァン・ノールトのもとで修業し、一六一五年に聖ルカ組合に親方として登録している。一六二〇年から自分の工房を持ち、一六三〇年代にはこの工房が世に送り出した作品は膨大な量にのぼっていた。

ルーベンスやヴァン・ダイクと同じよう

❾ ジャック・ヨルダーンス《豊饒の寓意》1623年頃　油彩　ブリュッセル　ベルギー王立美術館

に、ヨルダーンスも神話画、宗教画、肖像画、世俗画の幅広いレパートリーを誇っていた。初期の作品には、ルーベンスの影響とともにカラヴァッジョからの影響がうかがえる。ヨルダーンスの造形表現はルーベンスにならったものであるが、明白に世俗的な要素が見られる。

ヨルダーンスもまた、公的な注文を多く受けた。一六三四年に彼はルーベンスとともに、オーストリアの枢機卿フェルディナントの入市式の装飾を市議会から依頼された。また、ルーベンスがスペインのフェリペ四世の狩猟小屋トーレ・デラ・パラーダの装飾を依頼された際には、彼に協力して寓意像と神話の場面を手がけた（一六三七―三八）。しかしヨルダーンスの名声を不動のものにしたのは、その風俗画である。《王様が飲む》（「豆の王様の祝宴」）（図❼）、《老いが歌えば、若きが笛を吹く》（図❽）などが代表作である。いずれも、考えぬかれた構図とあざやかな色彩表現が見事な作品である。

《豊饒の寓意》（図❾）も傑作である。この作品では、フランス・スネイデルスが果物の部分を描いている。この作品でヨルダーンスは、ルーベンスに劣らない裸体画の巨匠であることを証明した。さらに一六三〇年以降には、ブリュッセルで織られたタペストリーの下絵となる油彩画を担当した。

とくに《諺》のシリーズは有名である。タペストリーの下絵のためのスケッチは現在、パリ装飾美術館に所蔵されており、タペストリーの一部はウィーンにある。

ルーベンスは一六四〇年に世を去った。ヴァン・ダイクも一六四一年に死去する。彼らの死後、ヨルダーンスはアントウェルペンの指導的画家となり、新たな顧客にはヨーロッパ各国の宮廷が加わった。イギリス王家のためにグリニッジ宮殿の私室を装飾したし、アメリア・ヴァン・ソルムスの依頼を受けてデン・ハーグにある宮殿ハウス・テン・ボスのために数点の作品を制作した。一六六一年にはアムステルダムの市庁舎（現在の宮殿）のために絵画を制作した。

ヨルダーンスは、一六五〇年以前にプロテスタントに改宗した。オランダから前述のような注文を受けたのは、このためもあったかもしれない。しかしプロテスタントになったにもかかわらず、彼に対するカトリックの教会からの祭壇画の依頼は変わらずにあった。様式的には、一六六〇年代以降はその画面からはかつての壮大さは消える。仕上がりが粗くなり、構図は平凡に、色彩は濁り、薄暗くなる。

絵画とタペストリーのほかにも、四百枚以上の素描が残っている。いずれもバロック的な、力強く流れるような線の描写である。

ヨルダーンスは、ルーベンスのような人文学的な資質はなかったし、ヴァン・ダイクの持つ宮廷的な雰囲気も持ちあわせていなかった。しかし誰よりも力強く、フランドルの民衆の持つダイナミズムを絵画に伝え、描いた画家だったのである。

＊ ジャック――ヨルダーンスのファーストネームは長年、「ヤコプ」とされてきたが、種々の史料の発見から、二〇一二年の「ヨルダーンス展」以降、「ジャック」が使用されてきている。

ルーベンス・ハウス

廣川暁生

アントウェルペンの中心部、メイル通りと呼ばれる大きなショッピング・ストリートを一本脇道にそれると、周囲の街並みにしっくりと溶け込む様相でその屋敷は建っている。ここは、アントウェルペンの顔ともいうべき画家ルーベンスが一六一六年頃から一六四〇年に亡くなるまで住み続け、数多くの作品を世に送り出す舞台となった場所である。この屋敷をアントウェルペン市が購入したのは一九三七年で、大がかりな修復工事の後、一九四六年に美術館として一般公開されるに至った。訪れる人は、当時をしのばせるインテリアの中で、細部に工夫を凝らした建築の素晴らしさを堪能するとともに、ルーベンスの作品をはじめとする芸術作品の数々をゆったりと観賞することができる（図❷）。そして、バロックの巨匠としてのルーベンスの重要性を再認識するだけでなく、卓越した人文学者、外交官としての彼の活躍ぶり、さらには良き夫、父親としての、多様なルーベンス像を新たに発見していくことになるだろう。

一六〇八年、イタリアからアントウェルペンへと戻ったルーベンスは、その翌年にイサベラ・ブラントと結婚し、一六一〇年に運河のあったワッペル地区に気に入った邸宅を見つけ購入した。ルーベンスは自らのデザインによってアトリエを増築し、大規模な改増築工事を重ね、この屋敷をまさに「城館」と呼ぶにふさわしい姿に造り変えた。敷地内に一歩足を踏み入れると、古代やイタリア建築から着想を得てデザインされたという柱廊からパヴィリオンのある

❶ ルーベンス・ハウスの凱旋門風のアーチ　アントウェルペン

❷ ルーベンス・ハウスの室内

庭園へと至る途中に築かれた威風堂々とした凱旋門風のアーチ（図❶）が、まず私たちの目を惹きつける。実際ルーベンスは改築に際して、以前ジェノヴァで見た裕福な市民階級の人たちが住むパラッツォ（宮殿風邸宅）をイメージしていたのである。

ルーベンスのこの豊かな暮らしを支えていたのは、スペイン領ネーデルラントの執政アルベルト大公とイサベル大公妃夫妻の存在であった。ルーベンスは宮廷のあるブリュッセルではなく、アントウェルペン在住のまま宮廷画家に召し抱えられるという破格の待遇を受け、画家組合の規則に縛られることもなく、必要なだけ弟子を採用することができた。また当時アントウェルペンはプロテスタントの大商人たちが一斉に北部に脱出し、衰退の一途をたどっていたが、対抗宗教改革の旗手となったイエズス会の教会が各地で着工され、祭壇画などを制作する画家の需要はむしろ高まっていた。そのためルーベンスは、アントウェルペンのイエズス会の教会建設に関して中心的役割を担うことができたのである。彼は多くの注文に応じるため、大規模なアトリエでの制作を行った。この工房の活動は、プライベート・アトリエのほかに特別に設置された大アトリエで効率よく営まれていった。バロックの芸術理論において何よりも重要視されたのは「モデュロ」と呼ばれる構想画であったので、彼の構想画に基づく具体的な制作は、工房に任せられることも多かったのである。

またこの豪壮な屋敷ルーベンス・ハウスは当時、その秀逸なる建築とともに質の高い美術コレクションによっても、全ヨーロッパ中に知れわたっていた。ルーベンスのコレクションは、ローマのパンテオン風の円形ドームのある古代彫刻のための展示室と、そこに続く長方形の絵画ギャラリーで公開され、多くの王侯貴族や知識人を魅了していたという。現在でも、ここ「ルーベンス・ハウス」はつねに多くの観光客で賑わいをみせている。食堂にあるルーベンス五十歳の自画像は、三百年以上の時を超えて今なお訪れる人を優しく迎え入れている。

アントウェルペンのシント・パウル聖堂
——バロック美術の主要舞台

レイモント・シルヤコプス（森洋子構成・伊藤里麻子訳）

❶「シント・パウル聖堂」 アントウェルペン
© Antwerp Tourism & Conventions

シント・パウル聖堂はアントウェルペンの旧市街の中心部、かつて「船員地区」と称された一画に建ち、ベルギーの最も美しいカトリック聖堂の一つとされている（図❶）。数世紀間、この聖堂は「修道院の魂」ともいえる重要な役割を担ってきた。というのも、修道院は中世の総合大学として栄え、ネーデルラントの学者、芸術家、指導者が一堂に会する場であったからである。

シント・パウル聖堂の歴史上、最も重要な人物は大アルベルトゥスであろう。彼は中世の神学者トマス・アクイナスの師でダンテの『神曲』にも登場し、ここの修道院に三年間滞在し、一二六二年に建立された

❷ ピーテル・ネーフス１世《アントウェルペンのシント・パウル聖堂内部》1636年　油彩　シント・パウル聖堂

この聖堂を聖別した（一二七六）。大アルベルトゥスの筆稿は今日でも貴重な文書として同聖堂に保存されている。

ここでは創建以来六百年間にわたり、約千六百人のドミニコ会の修道士が宗教活動に従事し、創始者聖ドミニコの教えを遵守してきた。スペインのハプスブルク家の統治時代、伝道団がアントウェルペンから南アメリカへ赴いたことがあった。シント・パウル聖堂から何百人もの市民たちが修道士に率いられて、エルサレムへの聖地巡礼に旅立ったこともあった。

聖堂は一四四四年に火災で破壊され、一五七一年、二代目の建物が再建された。しかし一五七八年、過激なカルヴァン派の改革者たちによって修道院は接収され、修道士たちは追放された。

三代目のシント・パウル聖堂が一六三九年に誕生したのは、修道院長オフォヴィウスとペーテル・パウル・ルーベンスの尽力による。十七世紀のアントウェルペンで活躍した著名な画家や彫刻家たちが、聖堂内の装飾や宗教用の家具のために積極的な制作活動を行った。実際、彼らの作品によって十七世紀のネーデルラント美術はヨーロッパで高い水準を保ったともいえる。現在の訪問者は、五十点以上の絵画、二百点以上の彫刻作品のある聖堂に、祈禱の空間というよりは宗教美術館のような美的錯覚を

❸ アントン・ヴァン・ダイク《十字架を担うキリスト》（「ロザリオの冠の神秘」より）1617年頃　油彩

❹ ペーテル・パウル・ルーベンス《羊飼いの礼拝》1609年頃　油彩

抱くだろう。

シント・パウル聖堂の建築空間を支配しているのは、カトリック改革によって定められた聖堂の建築の原則、「すべてのものは服従の精神を表す」であった。聖堂は一つの芸術作品のように、前面に目立つことなく、全体と融和していなければならない。巨大な中央祭壇でさえ聖堂の他の要素と調和を保っているので、この前に立つと、光と動性に満ちた世界が迫ってくる。ほとんど物質感のない飛翔する天使たち、司教たちの堂々とした彫像など、さまざまな要素が絡み合って全体の総合的な効果が醸しだされている。

以下、主要作品について紹介する。

身廊北側の壁面には、シント・パウル聖堂の圧巻といえる十五点の連作「ロザリオの冠の神秘」（図❷）が掛けられている。一六一七年頃、十一人の画家たちがこれらの作品を同一サイズ（百六十五×二百二十二センチ）で制作したが、総費用は十三人の篤志家の市民の寄付でまかなわれた。十一人の筆頭画家であるルーベンスの《キリストの鞭打ち》は、アントウェルペンの商人ローウィス・クラリッセが寄贈した。アントン・ヴァン・ダイクの《十字架を担うキリスト》（図❸）は画家がわずか十八歳の時の作品として注目される。他にジャック・ヨルダーンスの《十字架上のキリスト》は、画家が師アダム・ヴァン・ノールトの長女カタリーナと結婚した後の作品だが、プロテスタントであったヨルダーンスの作品をドミニコ会の修道士が受け入れた寛容さは注目に値する。ヤン・ブリューゲルやルーベンスの共同制作者であったヘンドリック・ヴァン・バーレンの《受胎告知》、フランス・フランケン（子）の《ご訪問》、コルネリス・デ・ヴォスの《キリストの降誕》、ダヴィット・テニールス（父）の《ゲッセマネの祈り》などもこのシリーズに含まれている。

これら以外の代表的な祭壇画はルーベンスの《羊飼いの礼拝》（一六〇九頃、図❹）で、画家が八年間のイタリア滞在からアントウェルペンに帰国した直後の作品である。したがってダイナミックな明暗による色彩表現には同時代のイタリア美術、とくにカラヴァッジョからの影響が見られる。

忘れてならないのは、身廊の南北の壁面に設置された十点の「告解聴聞席」（一六五八）で、この聖堂の半数以上の彫刻群といえよう（113頁参照）。カトリック改革の時代、「告解」は重要な秘蹟の一つだったので、告解席は罪を悔悛する不可欠の場であった。

一七九七年、フランス革命によって修道院は廃院となり、公に売却された。一八〇三―〇七年、アントウェルペン市会がその土地を所有し、シント・パウル聖堂を教区聖堂とした。他方、修道院の敷地は分割され、一部はシント・パウル通りとなった。最終的に修道院は一九六八年の火災で焼失し、この時、聖堂もかなり破損したが、三十人もの住民が、カトリックであるか否かに関係なく、命の危険に直面しながらも火災から美術品や調度品を守った。

今日では、聖堂だけが港町の一角に忘れられた宝物のように建っている。

バロック説教壇と告解聴聞席

森 洋子

ベルギー各地のカトリック聖堂で、ひときわ壮麗さを誇るのがバロック様式の「説教壇」と「告解聴聞席」である。これらは十六世紀ネーデルラントの優れた木彫芸術ミゼリコルディアと彫刻祭壇の伝統を継承したモニュメンタルな構築物である。イエズス会はカトリック改革の戦略の一貫として説教に力点を置いたが、説教壇が全盛期を迎えたのは十七世紀末から十八世紀であった。聖堂の内部建築がゴシック様式であっても、そこに新たにバロック様式の説教壇が制作されたのである。この時代のものは以前の規模とは違って、五、六メートルの高さの独立した構築物として身廊の中心部に設置され、聖書や聖人伝のドラマティックな情景を演出する彫刻群が備えられた。時には一本の樹木が茂った葉を広げているような印象を与える説教壇は、いわば「聖なる小劇場」としての機能を有していた。現在、多くの説教壇は文化財として保存されているため、実際に使用されることは少ないが、当時、激しい口調で神父たちが新教に対するカトリックの勝利をアピールする場としては、まさにふさわしいものだった。だが、フランスや南ドイツのカトリック聖堂の説教壇には、当世風なロカイユ模様の装飾が施されているものの、説教壇は壁面に備え付けられた小規模なものだ。新旧の宗教的な抗争が内部的に激しく、カトリックの存在を強調しなければならなかった南ネーデルラントとは違っている。

早期の代表的な説教壇は、一六九九年、ヘンドリック・ヴェルブリュッヘンによってルーヴェンのイエズス会の聖堂のために制作された。だが一七七六年、マリア・テレジアの命でブリュッセルに移送され、同市のサン・ミッシェル大聖堂に設置されている。次に注目すべき説教壇は、一七二一—二三年、アントウェルペン出身のミヒール・ヴェルヴォールトによってレリエンダールのプレモントレ会女子修道院聖堂のために制作されたものだが、フランス革命後の一八〇九年、メヘレンのシント・ロンバウト大聖堂に移送された。上部にはアダムとイヴの楽園追放、救済、下部には落馬するノルベルトゥスと彼のキリスト教徒への改宗（一一〇〇頃）が彫られている。ノルベルトゥスはその後、プレモントレ会修道院の創立者となった。説教壇の階段には愛らしい天使、周囲には地上の楽園を表す生き生きとした動物たち（ペリカン、伝説上の火トカゲ、カタツムリ、蛇、リスなど）が見られる。またヤン・ヴァン・エイクの《神秘の子羊（ヘント）の祭壇画》の祭壇画で著名なヘントのシント・バーフ大聖堂にも、優れたロココ様式の説教壇がある（図❶）。ローラン・デルヴォーによるオーク材と白い大理石の説教壇であるが、まず上部には木の幹にからまる大蛇の金色の木彫、十字架を運ぶ天使、八方に広がる果実の枝、共鳴板上の聖霊の鳩、それを支える二本の樹幹などの大理石彫刻は優雅でありながら、激しい感情表現をドラマティックな動作で示している。下部には「人間」に「真実」の言葉を伝える大理石の寓意像が立ち、彼女の持つ書物のページには「死から立ち上がれ、キリストは汝を照らすだろう」と記されている。階段の左右それぞれの入口には、大理石の美しい天使像が立っている。階段や壇はオーク材で、いたるところ典型的なロカイユ模様の装飾がある。遠方から見ても白大理石の彫刻群と褐色の構造体とのコントラストは印象深く、壇上での説教の機能をいっそう効果的にしている。

❶ローラン・デルヴォー《説教壇》1745年　ヘント　シント・バーフ大聖堂

告解はすでに中世にも行われたが、ブリューゲルの下絵素描《信仰》（一五五九）に見られるように、人目のあるオープン・スペースの中で、信徒は神父の前にひざまずいて行った。一五六三年のトレント公会議やカルロ・ボッロメーオの『司牧指針』以降、告解の重要性がさらに注目され、構造体としての聴聞席が特別に作られるようになった。告解者は箱形の空間の中にいる神父に向かって、小さな穴のあいた板越しに罪の告解をした。聖堂内に複数の聴聞席が初めて設けられ、等身大の彫像がダイナミックな動作で前面を飾った。その最も大規模な聴聞席の例はアントウェルペンのシント・パウル聖堂に見られる（108―111頁参照）。一六五八年に彫刻家ペーテル・ヴェルブリュッヘン（父）による両側合わせて十個の聴聞席（図❷）はまさに歴史上、無比の傑作であり、彼の生涯での最高の作品群であった。とりわけ各聴聞席が四体の彫刻から構成されるという形式は後世の範例となった。全体のスケールは雄大で、約四十体の彫像、二十本の片蓋柱、四十の浮彫フリーズ（帯状の装飾）、四十のフリーズつき柱頭、六十の持ち送り、百の薄肉浮彫、五百以上のプットー（裸の童子）が設置された。武具を持つプットーは対抗宗教改革時代、「聖堂の戦士」を象徴していた（R・シルヤコプス）。おもな彫像は福音書の聖ヨハネ、聖ヨゼフ、使徒ペテロ、シエナの聖女カタリーナ、マグダラのマリア、聖トマス・アクイナスなどの聖人、殉教者、神学者、天使であるが、それらは統一的な図像プログラムに従って制作されたのである。北側は救済への瞑想的な道、南側は救済への実践的な道、そして全体的にはロザリオによる告解とローマ・カトリックの復権と強化、さらに信仰の至福とキリスト教信徒の救済であった。

フリムベルヘン（Grimbergen）にあるプレモントレ会のシント・セルヴァース修道院聖堂は、現在でも修道士たちがミサの時にラテン語でグレゴリア聖歌を歌っている点で注目されている。プレモントレ会の建築家ヒルベルト・ヴァン・ズィニックが建てた聖堂はまさに、「ブラバント・バロックの真珠」と称賛されている。ここの告解聴聞席は一七一八年以前、ウィレム・ケリックスによって、建物の様式に合わせてデザインされた。両側合わせ、八個の告解聴聞席はオープンのままであるが、カーテンやドアで仕切る今日のスタイルの前身となる。告解聴聞席を図像学的に補強する彫像群は注目に値し、マグダラのマリア（図❸）や放蕩息子（ルカによる福音書）など、罪を悔悛する動作、あるいは希望、信仰、正義、剛毅といったキリスト教の徳目や「告解の秘跡」を表現する、敬虔な姿の寓意像には目を見張らされる。

❷ ペーテル・ヴェルブリュッヘン（父）《頭蓋骨や砂時計をもつ天使たち》1658年 告解聴聞席 アントウェルペン シント・パウル聖堂 © Antwerp Tourism & Conventions

❸ ウィレム・ケリックス《マグダラのマリア》1718年以前 告解聴聞席 フリムベルヘン シント・セルヴァース修道院聖堂

第8章

1

十七世紀ブリュッセルの絢爛たる文化

ヘレーナ・ブッセルス（伊藤里麻子訳）

十七世紀、低地ネーデルラント地方の南部の諸州、すなわち現在のベルギーのほぼ全域を領有していたのは、スペインのハプスブルク王家だった。スペインのフェリペ二世は、娘イサベル（在位一五六六―一六三三）と従兄のオーストリア・ハプスブルク家のアルベルト（在位一五五九―一六二一）との結婚に際し、イサベルにこの地を贈った。イサベルとアルベルトの大公夫妻（図❶、❷）は、南部ネーデルラントの都ブリュッセルのカウデンベルフ宮殿に居を構えた。

イサベルとアルベルトの大公夫妻は、この宮殿を彼らの宮廷にふさわしい姿にするために、増築と徹底した改修を命じ、装飾も整備したのである。この時あらたに増築したのは、時計台の塔、礼拝堂脇の翼部、皇帝のギャラリーの上部の翼部である。庭園も宮殿に劣らぬ美と趣向に満ちたものだった。いくつもの小庭園、迷宮庭園、葡萄園、噴水があり、貝殻文様で覆われた人工のグロッタ、ナイチンゲールのさえずる鳥籠、魚の泳ぐ池、厩舎などが、訪れる貴族の目を楽しませた。

大公夫妻は、宮殿を装飾する絵画、彫刻、タペストリーの制作のために、当時最高の美術家を招集した。ブリュッセル市内の噴水彫刻《小便小僧》で有名なジェローム・デュケノワ一世も大公夫妻のために何点かの彫刻を制作した。宮殿の所蔵目録には、一六〇九年に宮廷画家（「われわれの邸館の画家」という称号だった）に任命されたルーベンスの絵画を多数所蔵していたという記載がある。肖像画・神話画・宗教画である。アントン・ヴァン・ダイクは、一六三〇年に宮廷画家に任命されたが、大公夫妻はヴァン・ダイクの作品はあまり所蔵しておらず、数点の肖像画にとどまったようである。これに対して、ピーテル・ブリューゲルの息子ヤン・ブリューゲルの作品は多数所蔵していた。なかでも、「五感の寓意」（マドリード、プラド美術館）の大作は著名である。このうち《視覚の寓意》（図❹）には、画中の開口部の中に、華麗なブリュッセルの宮殿の一部と思われる建物が描かれている。また、ヤンの《視覚の寓意》の模倣作品の一つには、画面左に大公夫妻の姿が描かれている。

毛織物に絹糸、金糸、銀糸を織り込んだタペストリーも膨大な量にのぼった。当時ヨーロッパ随一の名声を得ていたブリュッセルの工房に大公夫妻が注文したものであ

❶ ペーテル・パウル・ルーベンス（工房作）《アルベルト大公の肖像》1615年　油彩　ロンドン　ナショナル・ギャラリー

❷ ペーテル・パウル・ルーベンス（工房作）《イサベル大公妃の肖像》1615年　油彩　ロンドン　ナショナル・ギャラリー

る。宮殿の部屋の壁に掛けた連作のタペストリーは「シャンブル」と呼ばれるが、宮殿の「シャンブル」のほとんどは神話を題材にしたものだった。大公夫妻をはじめ支配者は、ギリシャ・ローマ神話の神と英雄の物語に自らをなぞらえていたからである。

　大公夫妻は子供に恵まれなかった。アルベルト大公の死から十二年後の一六三三年にイサベルも世を去り、その後、南ネーデンラントの統治者は短期間に何人も交代し、美術コレクションは散逸した。ブリュッセルの宮殿が第二の隆盛期を迎えるのは、一六四七年にレオポルト・ヴィルヘルムがオーストリア大公となって、名高い「ブリュッセルへの歓喜の入市」を果たした時である。

❸ ダヴィット・テニールス2世《イタリア絵画の収集室》
1651年　油彩　ブリュッセル　ベルギー王立美術館

　レオポルト・ヴィルヘルム大公も、スペイン国王の名のもとに南ネーデルラントを統治した。大公は戦地に赴くことが多く、多忙であったにもかかわらず、美術品収集にも熱心であり、膨大なコレクションを構築した。その質の高さは、プラハのルドルフ二世のコレクションを凌駕していた。

　ある時、大公は四百点以上にのぼる絵画コレクションをイギリスから購入した。この時、大公に助言したのは、一六五一年頃に美術収集管理官の任を受けた画家のダヴィット・テニールス二世であった。これは、イギリス人ジェイムズ・ハミルトンのコレクションの一部であり、それ以前はヴェネツィアのバルトロメオ・ナーヴェの所蔵品だった。レオポルトは、美術品買い付けのために、各地に専門官を派遣した。テニールスは大公の命を受け、このコレクション購入のためにロンドンまで赴いたのである。むろんアントウェルペンも重要な絵画市場の地だったことはいうまでもない。

　テニールスの《美術愛好家の収集室》という作品は、ブリュッセル宮殿の絵画収集室を描いたものである。《イタリア絵画の収集室》（図❸）では、レオポルト大公がブリュッセル宮殿の絵画収集室で、自ら収集したイタリア絵画に囲まれて立っている。大公のイタリア絵画のコレクションは、当

時ヨーロッパ随一という評判を得ていた。

レオポルト・ヴィルヘルム大公は為政者としての豪勢さを誇示するために、芸術のパトロンとなり、美術品を収集し、宮殿には楽団も持ち、演劇や舞踊も上演させたのである。一六五六年、大公はオーストリアに帰国したが、この時、コレクションの一部を持ち帰り、これが後のウィーン美術史美術館の基礎となった。一六五九年に作成されたウィーンの収蔵品目録には、イタリア絵画五百十七点、ドイツ、フランドル、オランダ絵画八百八十点、素描三百四十三点、および古代美術品五百四十二点という記載がある。

一方、同じ一六五九年の日付のあるブリュッセル宮殿の所蔵品目録には、百三十点の絵画、そのうち六十点は肖像画、そのほかタペストリー「シャンブル」多数が記載されている。

十七世紀末になって、カウデンベルフ宮殿に君臨した偉大な支配者の最後を飾るのは、バイエルン公マクシミリアン二世エマヌエルである。この人物も、ブリュッセル在住（一六九一―一七〇六）期間に、絵画、彫刻、タペストリーの一大コレクションを構築した。マクシミリアンは、一六九八年にアントウェルペンのヒスベルト・ヴァン・コレンのもとで絵画一式百点ほどの購入に成功したが、その中には十二点のルーベンスと十五点のヴァン・ダイクが含まれていた。このコレクションは現在、ミュンヘンのアルテ・ピナコテークが所蔵している。マクシミリアンもそれまでの支配者と同様に、豪華絢爛たる宮廷生活を繰り広げたのである。

しかし今日では、十七世紀のブリュッセル宮殿の栄光を目にすることはできない。一七三一年二月三日から四日にかけての夜、大火が宮殿を破壊し、何世紀にもわたってブリュッセルが誇ったこの宮殿は跡形もなく焼失した。そして、二度と再建されることはなかったのである。

❹ ヤン・ブリューゲル《視覚の寓意》1617年
油彩　マドリード　プラド美術館

2 ブリュッセル——グラン・プラスとその歴史的背景

森 洋子

❶ コンラット・メイト《カール５世》1520年頃　テラコッタと木彫　油彩　ブルッヘ　フルントゥーズ美術館

ブリュッセルという地名は「ブルオクセラ」、つまり「湿地の村」というフランコニア語に由来する。たしかに九六六年の記録以前のブリュッセルはまだ湿地帯の中の一村落であった。九七七年に低地ロートリンゲン大公がセンヌ川の島（今日のブリュッセル）に城塞と聖堂を建て、聖ガウゲリクス（カンブレの聖ゲリー）に献堂した。一〇四七年頃、同大公はより高台のカウデンベルフ（クーデンベール、十六世紀の宮殿の所在地）に居を移したと推定される。

他方、この地に流れるセンヌ川はドイツのケルンとヘント、ブルッヘを結ぶ水上運輸の利便性を提供したので、ブリュッセルは都市として次第に発展していった。ブルゴーニュ公国時代になると、歴代の統治者はディジョン、ブルッヘなど各地に宮廷を持ったが、シャルル突進公（在位一四六七—七七）とその三番目の妻マーガレット・オブ・ヨーク（一四四六—一五〇三）はブリュッセルを含む、ヘント、リール、メヘレンなどに宮廷を置いた。彼らをはじめ、突進公の一人娘（二番目の妻との子）で後継者マリー・ド・ブルゴーニュ（後のマクシミリアン一世の妻、在位一四七七—八二、44頁図❶）も、とりわけブリュッセルをブルゴーニュ公宮廷の所在地として重要視した（114頁参照）。

十五世紀を通じて、ブリュッセルの宮廷を訪れる各国の使節たちや貴族、またこの都市の旅行者たちはこの都市の贅沢な美術品に瞠目し、こぞって注文した。例えば、ヤン・ボレマンとその一族は一つの大きな木のブロックから数体の彫刻を彫り上げる木彫祭壇を制作。ロヒール・ヴァン・デル・ウェイデンとその弟子たちは光沢のある油彩で祈念画的な要素を含む写実的な祭壇画を制作。すでに十三世紀からブリュッセルの特産として著名なタペストリー、華麗な彩飾写本、精巧な金銀の工芸品、良質の革製品などであった。「マリー・ド・ブルゴーニュ公の画家」によるいくつかの時禱書から、当時の華やかな宮廷生活を垣間見ることができよう。

十六世紀になると、神聖ローマ皇帝カール五世（スペイン国王、在位一五一六—五六、神聖ローマ皇帝一五一九—五六、図❶）がブリュッセルにおいて果たした役割は大きい。彼はわずか六歳でブルゴーニュ家の所領を継承したが、伯母のマルグリート・ドートリシュ（在位一五〇七—三〇、図❷）はまだ幼い甥カールのために摂政を務めた。彼女は宮廷をブリュッセルからメヘレンに移したが、それにはさまざまな歴史的な背景があった。すでに一四七三年、ブルゴーニュのシャルル突進公がメヘレンに大評議院を置いていたこと、突進公の没後（一四七七）、妻マーガレット・オブ・ヨークがメヘレンの宮殿をこよなく愛し、ここを居住地としたこと。こうして彼女と親しかったマルグリート・ドートリシュにとってもメヘレンには数々の思い出があった。

　だがカール五世は一五一五年、十五歳でハプスブルク家の継承者となると、ネーデルラントの統治者として、ブリュッセルで入市式を行った。その時、グラン・プラス（大広場）でもさまざまな公的なページェントが繰り広げられたに違いない。

　一五三〇年、マルグリート・ドートリシュが没すると、カール五世は妹でハンガリー王の未亡人マリー（在位一五三〇―五五、図❸）に執政を命じた。カール五世はこれを機会に宮廷をふたたび、ブリュッセルに移し、この地を政治活動（国事評議院、内務評議院、財務評議院など）の中心地にした。彼はカウデンベルフの宮殿を再築（一七三一年に破壊された）し、グラン・プラスの「王の家」の建築（一五一五年着工、十七世紀初期に再築）にも着手、ナッサウ礼拝堂（一五三〇年着工、現在の王立図書館の一部）を建てた。後にカール五世が退位したのも、ブリュッセルの宮廷であった。

　十六世紀のブリュッセルの経済的、文化的な発展にとって、地場産業であるタペストリーは大きな存在であった。一四七七年、生産者たちが独立した組合（ギルド）を結成すると、飛躍的に発展したが、ピーテル・ヴァン・アールストが一四九三年にブリュッセルに居を構え、タペストリーの事業に成功させる頃には、この産業はブラバント地方の中心的な存在となる（93―95頁、114―117頁参照）。ブリュッセルで活躍した画家たちは多かれ少なかれ、タペストリーのための下絵を制作したが、ベルナルト・ヴァン・オルレイはその主導的な役割を演じた。タペストリー連作《マクシミリアンの狩猟》の下絵素描は彼の代表作といえよう。しかし地元の画家だけでなく、ラファエロのような同時代のイタリアの画家にも下絵が注文された。十六世紀中期にはオルレイの弟子でフェリペ二世の宮廷画家となったミヒ

❷ ベルナルト・ヴァン・オルレイ《マルグリート・ドートリシュ》
1522-30年　油彩　ブリュッセル　ベルギー王立美術館

❸ ハンス・クレル《ハンガリーのマリー》16世紀中期　油彩
ミュンヘン　アルテ・ピナコテーク

ール・コクシーやピーテル・クック・ヴァン・アールストはイタリア・ルネサンス様式を反映したタペストリーやステンドグラスの下絵を制作した。

ブリュッセル産のニードル・レースやボビン・レースもこの時代の特産であった。

非凡の才能をもったジャックリーン・マスケリールは芸術性の高いレースをアントウェルペンの出版業者プランタンに供給した。

❹ ヤコプ・ヴァン・ティーネン「ブリュッセル市庁舎」15世紀

グラン・プラス写真提供（図❹❺❽〜⓬）© visit.brussels

❺ 右から、No.1–2「パン屋の組合会館」、No.3「獣脂業者の組合会館」、No.4「建具屋と桶屋の組合会館」、No.5「弓矢の射手の組合会館」、No.6「船乗りの組合会館」、No.7「小間物屋の組合会館」

プランタンは人物や動物の動きが緻密に編みこまれている美麗なレースがヨーロッパの上流階級の人びとを有頂天にさせることを知っていた。

広場は一般に政治的な行事や祝祭用のイベントの場所、また経済活動としての市場になるなど、さまざまな機能を持っている。だが十六世紀の後半、ブリュッセルのグラン・プラスで、誰しも忘れることのできない、ある歴史的な悲劇が起こった。一五六六年のネーデルラント各地でのカルヴァン派の聖像破壊運動を鎮圧するために翌年、猛将アルバ公が引率する一万人あまりのスペイン軍隊がブリュッセルに進攻した。しかし地元の貴族たちは、ネーデルラントの秩序回復という名目で、強硬な弾圧政策をとるアルバ公を厳しく批判し、エグモント伯とホルン伯などの有力貴族がスペイン国王フェリペ二世に緩和政策を嘆願した。そうした行為に対し、一五六八年六月五日、フェリペ二世はグラン・プラスで反逆者として、エグモント伯とホルン伯を断首、他の多数の貴族をも処刑した（河原温他『スイス・ベネルクス史』）。

他方、グラン・プラスは絢爛豪華な祝祭行事の場ともなった。例えば一六一四年に描かれたデニス・ヴァン・アルスロートの《グラン・プラスのオメハング》（図❻）では、聖霊降誕後の日曜日、アルベルト大公夫妻の臨席のもとで荘厳な祝祭行事がパノラミックに描写されている。貴族、役人、各組合（ギルド）の構成メンバー、楽隊、大旗の名手など、数百人による行列とイベントが繰り広げられている（今日でも伝統的なオメハング祭は継承され、毎年七月の第一木曜日に、同じ広場で「時代祭り」的な行事として開催されるが、その中央席に座るのはハプスブルク家の末裔である）。

グラン・プラスがこうむった最も悲惨な事件は十七世紀末に起こった。一六九五年八月十三日と十四日、フランス王ルイ十四

❻ デニス・ヴァン・アルスロート《グラン・プラスのオメハング》1614年
油彩　ブリュッセル　ベルギー王立美術館

世の命令で、ヴィルロワ将軍の率いる七万の軍隊がモーレンベークの丘から、ブリュッセルのグラン・プラスおよび隣接する道路に向かって、三十六時間にわたり、大砲や臼砲の砲弾を浴びせかけた。グラン・プラス広場に面した建物群のうち、さいわい市庁舎の塔は破壊を免れたが、広場のほとんどの建物は木造だったため、同業組合（ギルド）会館や個人住宅の大半は焼失した。それだけでなく、周辺の十六の聖堂、約四千軒の家が戦火の犠牲となった（図❼）。

❼《1695年8月13、14日に破壊されたグラン・プラス》銅版画（A・コペンス素描による）

この仏軍の攻撃はアウクスブルク同盟（オランダ、イギリス、ドイツ、スペイン）への報復行為であった。というのは同盟国の連合軍がすでに北フランスの海岸都市を砲撃し、ナミュールを攻囲していたからである（河原温他、前掲書）。そんな最中、オランダやイギリスの軍隊はナミュールに駐留していたため、ブリュッセルの守備はかなり手薄となっていた。

仏軍の爆撃の後、ブリュッセル市の指導者たちは復興へ奔走し始め、アントウェルペン、メヘレン、ルーヴェンなどの周辺の都市から、さらにブラバントやホラント州からも支援を得た。当時、バイエルンのマクシミリアン二世エマヌエル選帝侯はスペイン王の力で、ブリュッセルの執政に任命されていたが、再建の援助を条件に、広場を選帝侯の権力の象徴の場にしようとし、再建プランにさまざまな注文をつけた。だが都市の実質的な実力者である商人や手工業者たちは結束し、選帝侯の要求を退けた。彼らはグラン・プラス広場に同業組合の存在感をアピールするため、斬新で当世風なデザインでありながら、それぞれが特色を持った組合会館を林立させた。多くの組合会館のファサードに、浮彫の数字で一六九七年という年号が記されているが、一六九五年の砲撃後、二年間で復興したという組合の自負を物語っている。こうしてグラン・プラスは市庁舎を中心とした、中産階層の「経済力の象徴」となった。

グラン・プラスのおもな建造物

広場にある組合会館や個人邸宅のファサードに、動物や道具の浮彫があるが、それ

❽ 右から、No. 8「個人邸宅」〈星〉、No. 9「肉屋組合会館」〈白鳥〉、No. 10「醸造業者の組合会館」〈黄金の木〉、No. 11「個人住宅」〈白ばら〉、No. 12「個人住宅」〈タボール山〉

は当時の習慣を表している。つまり家には番地ではなく、浮彫による標章が「呼び名」とされていた。以下、図解の番号順に、建物の組合名とその呼び名について記してみよう。組合会館の場合、多くは守護聖人の彫像が入口や屋根の上に奉られていることも特色である。組合会館はネーデルラント各地の同業者たちが集まり、会議をしたり、社交的な場として利用されたが、と同時に商工業者同士の取引も行われた。今日はホテル、レストラン、居酒場、ショップ、博物館などに利用されている。

市庁舎（図❹）

十五世紀に建てられ、広場で最も大規模な建物で、後期ゴシックのフランボワイヤン様式を示している。建築家はヤコプ・ヴァン・ティーネンで、左翼は一四〇二年、右翼は一四四五年に完成。一四四九年、ヤン・ヴァン・ライスブルックが建てた鐘塔の高さは九十六メートルあるが、その軽妙で優雅な姿は無比のものと絶賛されてきた。頂上に《竜を倒す聖ミカエル》の像が立っているが、聖ミカエルはブラバント州の守護聖人である。一五二〇年、ここを訪れたアルブレヒト・デューラーは『ネーデルラント旅日記』で、「大きく、美しい飾り格子の窓のある立派な市庁舎と、透けて見える塔を見た」とその印象を述べている。フランス軍による一六九五年の砲撃時にも奇跡的にこの塔は破壊を免れた。

（以下の組合会館では、風化や破損のため、失われた彫像や浮彫、後世に変更されたものもある）

⓫ No.29-33　アントーン・ケルデルマンス（子）、ヘンドリック・ヴァン・ペーデ他「王の家」1515-36年

❾ No.13-19「ブラバント公たちの邸館」

❿ 右から、No. 20-23「個人邸宅」、No. 24-25「仕立て屋の組合会館」、No. 26-27「画家の組合会館」、No. 28「個人住宅」

No.1―2 パン屋の組合会館（図❺）

呼び名は「スペイン王」で、カール二世の胸像がある。爆撃後の一六九六―九七年、ヤン・コセインスによって、周囲のどの建物よりもイタリアの古典様式で再建された。最上階の手摺りの上に、パン製造に関係する力、小麦、風、火、水、摂理の擬人像が立っているが、当時のものではない。入口にパン屋の守護聖人オベールの胸像がある。

No.3 獣脂業者の組合会館（図❺）

呼び名の標章は「手押し車」、一四三九年、ギルドを結成。一六四四―四五年に建立、しかし砲撃後、一六九七年に再建。正面は浮彫のある柱、ねじれ柱、コリント様式風の柱頭のある片蓋柱など、イタリアの古典様式とフランドル・バロックの折衷方式。屋根にある貝殻と果実・花の連房装飾はヤン・コセインスのデザインと思われる。一八四四年、以前の木造のファサードを石造に変えた。守護聖人エギディウス像は一九一二年のもの。

No.4 建具屋と桶屋の組合会館（図❺）

標章は「袋」、一六四五―四六年建立、砲撃の影響は少なかったが、一六九七年にアントワーヌ・パストラーナによって再建。ファサードに人身柱のほか、壺、貝殻、果実と花の連房などの華やかな装飾が多い。大きな袋の中に頭をつっこんでいる姿はユーモラスだ。

No.5 弓矢の射手の組合会館（図❺）

標章は「雌狼」、元来、十四世紀にさかのぼる、広場で最も古い建築だったが、十七世紀の数回の火災で消失。砲撃の時は瓦礫の中にかろうじて存続していた。一六九六年建立。屋根の頂きに、灰の中から蘇生したという伝説の不死鳥の像、三角の破風には竜ピトンを弓で倒すフェブス・アポロの像がある。三階には真実、欺瞞、平和、不和の擬人像。四階にはトラヤヌス、ティベリウス、アウグストゥス、カエサルなど古代ローマの皇帝のメダイヨン。入口には雌狼の乳を飲むロムルスとレムス兄弟の像など、ファサードは全体として、古代ローマに関する彫像が多い。

No.6 船乗りの組合会館（図❺）

標章は「角笛」、一四三四年に船乗りたちが広場に居住した記録がある。一六四一年新築、屋根には十七世紀のフリゲート艦を思わせる船尾がある。砲撃による破壊後、一六九七年にアントワーヌ・パストラーナが再建した。ファサードは典型的なイタリアとフランドル・バロック折衷様式。二階にはトリートーンと海馬に乗る二体の彫像、最上部には二頭の獅子が守るスペイン王の紋章、カール五世の円形肖像、東西南北の四つの風の像がある。

No.7 小間物屋の組合会館（図❺）

標章は「狐」、十四世紀に記載がある。十五世紀に小間物屋の組合に売却。一六九年、簡素な木造家屋から石造建築に建立。一六九九年、ルイ十四世様式のファサードには、一階に五つの擬人像、すなわち正面に正義、その右側にアフリカとヨーロッパ、左側にはアジアとアメリカの四大陸の擬人像、三階には金羊毛、麦穂、葡萄、花をもつ人身柱など、多くの彫像で飾られている。屋根には守護聖人ニコラスの像がある。

No.8 個人邸宅（図❽）

標章は「星」、十四世紀に記載あり。道路拡張のために一八五二年に破壊、一八九七年に再建。広場で最も小さい家。

No.9 肉屋組合会館（図❽）

標章は「白鳥」、一六九八年建立。元来は個人邸宅。一八四八年、カール・マルクスとフリードリヒ・エンゲルスがブリュッセルで『共産党宣言』を執筆した時、二人はここで二週間に一回、会合した。

No.10 醸造業者の組合会館（図❽）

標章は「黄金の木」。以前はなめし業組合、その後はタペストリー製造業組合だった。砲弾による瓦礫の中から、一六九八年、ウィレム・デ・ブラウンの設計で建立。ファサードに山羊、ホップ、ビール樽と遊ぶプットーたちの三点の薄肉浮彫がある。屋根の上にロートリンゲン公カールの騎馬像。現在はビールの醸造技術を公開する小博物館。

No.11 個人住宅（図❽）

標章は「薔薇《ばら》」、一七〇二年建立。

No.12 個人住宅（図❽）

標章は「タボール山」、一六九九年建立。また、「三色の館」ともいう。

No.13—19 ブラバント公たちの邸館（図❾）

標章は一六九六—九八年建立、ファサードに十九人の公たちの胸像がある。ウィレム・デ・ブラウンの設計。ファサードは一つだが、実際は七軒の家の集合体。以下、組合名と家の標章は、右から皮革商が「名声」、ワイン商が「隠遁者」、なめし業者が「運命」、製粉業者が「風車」、大工が「錫製壺」、彫刻家・左官屋・石工・スレート屋根葺き職人が「丘」、両替商は「財布」である。

No.20—23 個人住宅（図❿）

「雄鹿」の標章をもつ家は一七一〇年建立。「聖ヨーゼフと聖アンナ」の家は一七〇〇年頃建立。「天使」の家は一六九七年建立。

No.24—25 仕立て屋の組合会館（図❿）

標章は「金の小型帆船」と「モグラ」、元来の二軒の家を統合。一五〇〇年頃、仕立て屋の組合が結成された。砲撃後、ウィレム・デ・ブラウンの設計で一六九七年に再建。ファサードはイタリア古典様式とフランドル・バロックの折衷方式。しかし片蓋柱とその配列に特色があるため、ここは広場でも特色ある建物の一つと評価されている。屋根の頂上にはローザーヌの司教の聖ボニファティウス像、入口の上には仕立て屋の守護聖人バルバラの胸像がある。

No.26—27 画家の組合会館（図❿）

標章は「鳩」、一六九五年建立。棟梁で石工ピエール・シモンがこの区画を購入した後、自らファサードを設計した。ドーリア、イオニア（円柱）、コリント様式風の片蓋柱、怪人面、ヴェネツィア風の窓と手摺り、アーチ型の窓の開口部など、各階の区分が変化に富み、ファサードのデザインは広場の中でも目立つ存在である。この家はフランスから亡命したヴィクトール＝マリー・ユゴーの最初の滞在先として知られている。彼はナポレオン三世のクーデタに抵抗し、一八五一年十二月二日に追放されたが、翌年、印刷職人に変装し、偽造パスポートをもって国境を越えた。この家で、ルイ・ナポレオンを弾劾する『ある犯罪の物語』と『小ナポレオン』が執筆された。ユゴーは一八五二年、妻への手紙で、「ブリュッセルは私を感動させる。市庁舎は一つの宝石だ。それを取り囲む広場はまさに真の奇跡といえよう」と書き送っていた。

No.28 個人住宅（図❿）

アマンの小部屋、市長の部屋、黄金の商人として知られる。「ブラバントの紋章」、一七〇九年建立。

No.29—33 王の家（図⓫）

十三世紀にさかのぼる。十五世紀までは木造で屋根つきのパン市場として使用されたので、「パンの家」と呼ばれた。十六世紀にブラバント公が税金の取立てや裁判など、各種のオフィス、また監獄として使用したため、「公の家」、その後、スペイン王カール五世に譲渡。カール五世は一五一五から三六年にわたり、アントーン・ケルデルマンス、彼の死後はヘンドリック・ヴァン・ペーデ他に徹底的に改築させ、政庁として使用した。それゆえに「王の家」と言われたが、王たちはカウデンベルフの宮殿に居住し、一度もグラン・プラスで暮らし

⓬ 右からNo. 34–39「個人住宅」

たことはなかった。十七世紀に執政イサベルが改築をする。一八七七年から九五年にネオ・ゴシック様式に再建。現在は市立博物館として、後期ゴシックの木彫祭壇、祭壇画、タペストリー、家具、陶器のほか、貴重な都市の歴史資料が公開されている。ジェローム・デュケノワの《小便小僧》に贈られた世界各地からの衣装も展示されている。日本政府からの鎧兜の衣装もある（次項参照）。

No. 34–39 個人住宅（図⓬）

「兜」、「孔雀」、「子狐」、「オークの木」、「聖バルバラ」、「ロバ」。これら六軒の家は広場の中でもファサードの手摺の装飾に特色がある。

ブリュッセルの「小便小僧」

ヘレーナ・ブッセルス／伊藤里麻子訳

ブリュッセルの旧市街、グラン・プラスからほど近く、「小便小僧」として親しまれているブロンズの彫像が立っている（図❶）。かつてはこの噴水は、近所の住民に飲み水を供給していた。一六一九年にブリュッセル市は、ブリュッセルの彫刻家として名声をはせていたジェローム・デュケノワ一世に、「小ユリアヌス噴水」を飾っていた同主題の石の彫像に代わるものとして、

❶ ジェローム・デュケノワ1世《小便小僧》
ブリュッセル

この彫刻を注文した。噴水の年代は一四五二年にさかのぼるが、当時は人の形をした噴水が大流行し、水路と水の仕掛けによって公園や庭園を行き交う人びとを楽しませていたのである。イタリアの影響を受けて、「小便をする童子」は、十五世紀にブルゴーニュ公の宮廷で広まり、フィリップ善良公（一三九六―一四六七）の治世下でいくつかの例が見られる。ブリュッセルの小便小僧は約百八〇センチの柱の上に立ち、水を受ける二つの四角い水盤を見下ろしている。「小便小僧」は今までに何度も壊されたり盗まれたりして、そのたびに作り直された。ストーブ通り（レトゥーヴ通り）には、そのような再鋳造作品があるが、知られているうちで最も古い作品は、一六三〇年のヤコブ・ヴァン・デン・ブルックによるものである。祭りや公式訪問の際には、「小便小僧」は立派な衣装を着せられ、一七四七年にはルイ十五世が彼に「フランス国王の騎士」の称号を与え、フランス軍の移動で動揺した人心を鎮めようと努めた。今日でも外国から使節が訪れると、その国の民族衣装を着せて敬意を表するのが慣例である。政党も好んで彼にシンボル・カラーの服を着せる（図❷❸）。これらの衣装も市立美術館に展示されている。

　この小さな男の子の、彫刻としての造形様式は、制作年代より少し前のルネサンスの影響を受けており、十年ほど後に彫刻されたものといかに異なっているかを指摘するのは、興味深い。プロポーションは子供のものでありながら、よく見ると手と脚の筋肉の構造は大人の男性とあまり違わない。しかし同じ主題のものでも、作者の息子フランソワの作品のプットーは、次の時代の美しいバロックの形態を示しているのである。

❷ ジェローム・デュケノワ1世《ヴァンシュのカーニバルの衣装を着た小便小僧》ブリュッセル

❸ ジェローム・デュケノワ1世《鎧兜を着た小便小僧》（後世のコピー）
ブリュッセル　市立美術館

ブリュッセルの十九世紀末美術

高木陽子

一八三一年の独立にともない、ブリュッセルはベルギー王国の首都に制定された。ブルッヘやヘント、アントウェルペン、リエージュに比べ、経済的にも文化的にも優位に立つ都市ではなかったブリュッセルは、世紀末に向かうにつれ、近代的な都市へと変貌する。次第に国内外からの資本が集まり、都市エリート層が形成されるようになる。この階層に属していたのは、実業家、

❶ ヴァン・レイセルベルヘ《エスコーの眺め》1893年　ハーグ　市立美術館

❷ ジェームス・アンソール《キリストのブリュッセル入城》1888-89年
ロサンジェルス　ポール・ゲッティ美術館

技術者、労働問題や社会問題に取り組む法律家、ブリュッセル大学教授たちなど、新しさを積極的に受け入れる知識人であった。新ブリュッセルがヨーロッパの前衛芸術の揺籃の地となり、パリやナンシーに先立ちアール・ヌーヴォーを誕生させた背景には、彼らが作品購入や自宅の建築を依頼することで芸術活動のパトロンとなり、前衛芸術を評価する土壌ができ上がっていたことがあった。

象徴主義、新印象主義、アール・ヌーヴォーなどの新しい傾向は、芸術グループ「二十人会（レ・ヴァン）」と「自由美学（ラ・リーブル・エステティーク）」から生まれた。一八八三年結成の「二十人会」が、毎年二月に開催した年次展覧会は、国内外の最も新しい作品を集めたヨーロッパ規模の前衛芸術のフォーラムであった。芸術の未来を予感させる作品が注意深く展示され、こぢんまりした中に一種の調和が保たれていた。展覧会場ではコンサートや講演会が開催され、芸術の諸領域の総合が試みられた。ポール・ゴーギャン、ジョルジュ・スーラ、ポール・セザンヌ、フィンセント・ヴァン・ゴッホをいち早く評価したのは「二十人会」であった。イギリスのアーツ・アンド・クラフツ運動をヨーロッパ大陸に紹介したのも「二十人会」であった。

一八八七年、スーラの《グランド・ジャット島の日曜日の午後》の展示を契機に、新印象主義はブリュッセルに根を下ろした。ヴァン・レイセルベルヘ（図❶）、アンナ・ボック、ヤン・トーロップ、ウィリー・フィンチ、ジョルジュ・レメンとアンリ・ヴァン・デ・ヴェルデは、点描画法を採用した。

一方、同じ「二十人会」会員のジェームス・アンソールは、新印象主義の科学的なアプローチを嫌い、骸骨や仮面をつけた幻想的な人物を登場させ、日常の出来事の中に人間の弱さ、残酷さ、優しさを見出し、強烈な色彩で表現している。アンソールは、ブリュッセルの美術評論家を皮肉って、ベルギーの世相を鋭く批判する。例えば《キリストのブリュッセル入城》（図❷）は、キリストのエルサレム入城の主題を借りながら、芸術に無理解な群集であふれかえる十九世紀末のブリュッセルに入っていくベルギー美術の救済者の図となっている。アンソールがしばしば取り上げた受難のキリストは、その芸術が認められずに非難を受け

❸ フェルナン・クノップフ《マルグリット・クノップフの肖像》1887年
ブリュッセル　ベルギー王立美術館

る画家自身の姿だと解釈できるだろう。

ブリュッセルが近代化するにしたがい、芸術家の一部に自己の内面世界を見つめる傾向が現れてきた。それは物質よりも精神に重きを置く理想主義的なヴィジョンであった。急成長をとげたブリュッセルにおいて象徴主義は歓迎され、「二十人会」の一つの潮流となる。理想化した女性を登場させ、時の永遠の流れを表現したフェルナン・クノップフは、ブリュッセルが生んだベルギー象徴派の最も重要な作家であろう（図❸）。文学と美術の象徴主義は、緊密にリンクしていた。象徴詩人のメーテルリンク、ローデンバッハ、ル・ロワ、ヴェルハーレンは、同時に美術批評家でもあった。詩人や小説家は美術からインスピレーションを受け、また画家は象徴詩や小説に主題を求めた。ローデンバックの小説『死都ブリュージュ』（一八九二）の表紙をクノップフが描いたように、文学と美術のコラボレーションも行われた。

諸芸術の総合を目指した「二十人会」の傾向は、「自由美学」に引き継がれ、装飾芸術アール・ヌーヴォーが誕生した。様式の語源は、日本美術商ジークフリート・ビングが一八九五年にパリで開店した装飾芸術のギャラリー「アール・ヌーヴォー」である。しかし、その頃ブリュッセルにはすでにアール・ヌーヴォーの造形が存在していた。アンリ・ヴァン・デ・ヴェルデは、絵筆を捨てて芸術と生活を統合するデザインに専念するようになっていた。簡素で力強い曲線、平面的なデザインは、書籍装飾（図❹）や日常の道具（図❺）に見られる。ヴィクトール・オルタは、ブリュッセル

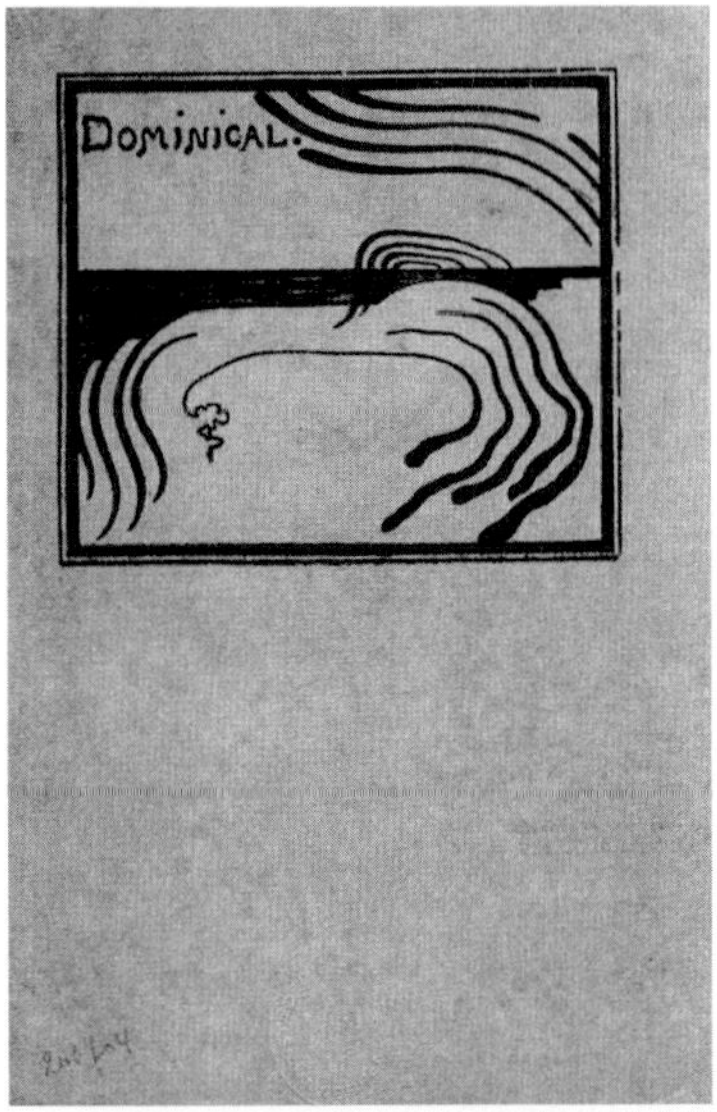

❹ アンリ・ヴァン・デ・ヴェルデ《マックス・エルスカンプ著『ドミニカル』表紙デザイン》1892年

❺ アンリ・ヴァン・デ・ヴェルデ《燭台》1898-1900年
ブリュッセル　王立美術歴史博物館

❻ ヴィクトール・オルタ《タッセル邸、ファサード》1893年　ブリュッセル

❼ ヴィクトール・オルタ《タッセル邸、階段室》1893年　ブリュッセル

を中心に都市型住宅のパイオニア的建築を展開していた。その中で、大学教授タッセル氏の邸宅（一八九三、図❻）は、最も早いアール・ヌーヴォー建築である。通りに面して長屋のように連なるタウンハウスの採光の悪さを、ガラスと鉄を使ったオープン・プランで画期的に解決し、蔦を連想させる力強い曲線が多様な素材を組み合わせた装飾と建築を一つにしている（図❼）。二〇〇〇年、ユネスコは、オルタがブリュッセルの市街地に建設したタッセル邸、ソルヴェ邸、ヴァン・エートヴェルト邸、およびオルタの自宅の、計四軒を、世界遺産に指定した。それらのなかで唯一、美術館として一般公開されているオルタの自宅およびアトリエ（リュ・アメリケーヌ 25）を訪れれば、ブリュッセルの芸術が頂点を迎えた十九世紀末の空間に身を置くことができる。

近代美術の評論家ユリウス・マイヤー＝グラーフェは、十九世紀末ブリュッセルの雰囲気を的確に評している。彼は、正反対だと信じられている物事が、ブリュッセルでは奇妙にも融合していることに驚く。それは、古い慣習と近代的な考え方の融合、篤いカトリックの信仰心と洗練された産業主義の融合、そして資本主義と社会主義との融合である。この「驚くべき融合」こそが、十九世紀末のブリュッセルに革新的な芸術を花開かせた最大の原動力であった。

第9章

ベルギーの建築芸術
――リエージュ地方の建築

ジャン・アングルベール（文・写真）（坂本彰子訳）

リエージュ地方に人が住み始めたのは、ずいぶん古い時代のことだ。このことは、スクラン洞窟などムーズ川の谷あいに点在する洞窟遺跡が証明している。他にも太古の住居跡がいくつも発見されており、有名なのは現リエージュ市の中心部サン・ランベール地区にある地下遺跡で、発掘現場を見学することができるようになっている。デュルビュイ近郊のウェリス村には、巨大なドルメンの麓に新石器時代の二つの墳墓が残っている。こうした遺跡は、正確な年代を確定はできないが、この地方に大昔から人が住んできたことを物語っている。

ところでリエージュ地方とは、何を指して言うのだろうか。厳密にいえばリエージュ地方とは、南北に長く伸びる旧リエージュ司教領を意味するが、これにモザン様式の建築の影響を直接受けた周辺の地方が加

❶「領主司教宮殿」あるいは単に「司教館」と呼ばれる建物は、現在、州政府庁舎となっていて、一部は、司法省が使っている。第1中庭を取り囲む回廊の柱を飾る彫刻は、エラール・ド＝ラ＝マルク司教と同時代人であったエラスムスの作品にヒントを得たものといわれている。

❷　つい最近、修復された「肉市場」の建物は1544-45年にかけて建設されたもので、司教館同様、ゴシック様式からルネサンス様式に移る過渡期の作品である。

❺ ラ・バット河岸通の「ハヴァールの家」は、モザン・ルネサンス様式の代表作である。木材が構造材として使われ、一部スレートがおおう。現在は有名なレストランが入っている。

❸ サン・ミッシェル広場に立つ「ボッホルツ邸館」はイタリア・ルネサンス様式をリエージュ風にアレンジしたものである。リエージュのルネサンス様式は、単に本場イタリアの様式を忠実に真似たものではなく、舶来の様式と地元の様式の統合である。

❻ コロンミューズ広場26番地にある「ブルエールの家」は、1765年に建設されたもので、レジャンス様式を代表する作品である。荘厳なルイ14世様式と軽快なルイ15世様式の過渡期的な性格を持ち、優雅さを身上とする。ヘルスタル市。

❹ マーストリヒト河岸通りに面した「クルシウス館」は、記念碑的価値を持つ建物で、モザン・ルネサンス様式の代表作である。リエージュで生まれたこの様式は、17世紀のほぼ1世紀にわたりリエージュ地方の各地に浸透する。

わる。つまり、旧リンブルフ公領、現ヘルヴ地方、さらにスタブロ・マルメディー修道院領である。

　メロヴィング朝の支配が始まった時代は、リエージュ地方、つまりアルデンヌからリンブルフ領カンピーヌにわたる地域に、キリスト教の布教が始まった時代でもある。残念ながらこの時代の建造物は現存していないが、農場、村落、修道院、大修道院などのほか、教会も存在していたことが古文書に記されている。

　シャルルマーニュ（カール大帝）が、七六八年から八一四年にかけて帝都を構えたヘルスタルとジュピーユは、いずれもリエージュの周辺部に位置する小都市である。ウルト川沿いのモンフォールにある古城は廃虚となっているが、当時建設されたとされている。リエージュ市内にあるサン・ジャン聖堂の基礎構造もこの時代のもので、九九七年にノッジェが八角形プランに基づいて建立した。

　このノッジェが司教の職にあった時（九七二―一〇〇八）に、カンピーヌ、ヘスベイ、コンドロー全域、およびアルデンヌ、ファメンヌ、現エノー地方の一部を統括するリエージュ司教領が誕生する。残念ながら、リエージュ地方にはロマネスク様式の建造物は、ほとんど残っていない。現存するものの中で最も有名なのは、ブイヨンの城塞であろう。規模は小さくなるが、フランシモンにもこの時代の城塞がある。聖堂、修道院、大僧院などは、リエージュ地方を見舞った幾多の戦争が破壊してしまった。

　ゴシック時代の遺跡としては、塔、ドンジョン（天守閣）、基礎構造などが残っている。例えば十三世紀にはドンジョンだったアンティーヌの角塔などで、「ヴューシャトー（古城）」と呼ばれているアメイの塔も、十三世紀あるいは十四世紀のドンジョンだったものである。

　十二世紀末から十三世紀にかけて、聖ベルナルドゥスの遺志を継ぐべく、リエージュ地方にもシトー会の大修道院が相次いで設立された。ヴァル・サン・ランベール、トンヘレン、ウイ、ボーファイなど、今も当時の建造物の名残りを見ることができる。

　十六世紀までの数世紀間には、ゴシック様式の建築手法で多くの教会建築が建ち、フランボワイヤン様式でその最盛期を迎える。サン・マルタン聖堂とサン・ジャック聖堂というこの様式の代表的建造物は、いずれもリエージュの市街地にある。

　ゴシック・ルネサンス様式の建造物の傑作としては、司教館（図❶）がある。司教エラール・ド＝ラ＝マルクの命により、一五二六年から四〇年頃にかけて建てられたもので、アルノルド・ヴァン＝ミュルケンの手になるものである。

　最近修復されたばかりの肉市場の建物（図❷）も、一五四四年から四五年にかけて建てられたもので、やはりゴシック・ルネサンス様式を代表するものである。

　十六世紀後半になると、イタリア・ルネサンス様式、とりわけローマ風の建築が全盛期を迎える。ランベール・ロンバールが手がけたサン・ジャック聖堂のポルタイユ（扉口）とボッホルツ邸館（図❸）は、この様式の代表作としてリエージュが誇る作品である。

　十六世紀末にはイタリアの影響は次第に薄れ、リエージュの建築はモザン・ルネサンス様式と呼ばれる地方色豊かな色彩を帯びていく。この傾向は、十七世紀のほぼ全般にわたりリエージュ地方の各地に広がる。

　リエージュ市内のクルシウス館（図❹）は、このモザン・ルネサンス様式を代表する作品である。現在、ガラス美術館として使われているこの壮大な建物は一六〇〇年から一〇年にかけて建設されたものである。ファサードの仕上げ材は、赤煉瓦とムーズ川の石材である。石材は楣石、敷居、十字形窓枠、蛇腹に用いられていて、帯状に煉瓦の壁を横切っている。彫刻を施した石材が、各階の窓の間の水平方向の随所にアクセントを付けている。建物の基礎部分には切石が使われている。錬鉄の窓格子がはめられ、渦巻状の留金がファサードから浮かび出ている。建物を四列の天窓を配した大屋根がおおい、コーニスには力強い木製コンソールが多用されていて、これらは「シンバル」と呼ばれている。方形の物見塔が屋根を見下ろしている。

リエージュには、この様式の建物として有名な建物がもう一つある。一五九四年に建設され、木材を構造材として使っている。「ハヴァールの家」(図❺)と呼ばれていた建物で、現在はレストランになっている。

十七世紀最後の四半世紀から十八世紀にかけて、リエージュの建築に大きな影響を与えたのはフランスの建築様式である。フランス・ルネサンス様式に始まり、フランソワ一世様式、アンリ二世様式、アンリ四世様式、ルイ十三世様式、ルイ十四世様式が手本となり、次いでレジャンス様式(図❻)、ルイ十五世様式、ルイ十六世様式(図❼)と続いていく。しかしリエージュの建築家たちは、フランス風の建築様式をそっくり模倣したわけではない。様式の時代を無視し、各様式の特徴を組み合わせた。帝政様式の建物にルイ十四世様式の扉というようにである。

こうした様式の中で好評を博したのはルイ十三世様式であろう。おそらく、この様式がモザン・ルネサンス様式に一番近かったからだと思われる。

大革命、さらにはナポレオン戦争後の時代には、帝政様式だが、幾分その贅沢さを欠いた様式が用いられた。石造りの地膚が塗料の下に隠れ、石材の使用が大幅に減少するのもこの時代の特色である。リエージュのワロニー王立劇場(図❽)はその好例である。

帝政様式が広く受け入れられた後に登場するのは、ルイ・フィリップ様式である。これは、異国趣味の建築法や、機能を無視して形状だけ模倣したネオ・ゴシック様式を取り入れたものである。

一八三〇年頃から十九世紀末にかけては、折衷様式が一世を風靡し、この時代以前のあらゆる建築様式が取り込まれることになる。ロマネスク様式やゴシック様式は宗教建築、イタリア・ルネサンス様式は公共施設、エジプト様式はフリーメーソンの集会場、フランス・ルネサンス様式や、十八世紀の種々の様式は個人住宅に用いられた。

❼　マーストリヒト河岸通りの10番地にあるこの作品は、ヘイム・ド=ボマルの屋敷だったもので、1780年にバルテルミー・ディニエフがルイ16世様式で建てた。この建物は、現在は豊富なコレクションを誇る「武器博物館」になっている。

❽「ワロニー王立歌劇場」は、1818年から20年にかけて建てられた帝政様式の作品である。市の建築家ヴィヴルーが、ペリシエの元弟子デュケールスの設計図をもとに建設した。

❶〜❺、❼〜❽はすべてリエージュ市の建築物。

フランドルの職人技術

ヨーハン・ダヴィット（伊藤里麻子訳）

「フランドル」という形容詞は、ある種の品や技術に対して、この地方の特産を示す言葉として使われてきている。それとは反対に、ふつう、フランドルと結びつけて考えられていないものの中にも、フランドル特有のものはある。そのようなものの中から、いくつか紹介したい。

美術工芸

フランドルの絵画史で、忘れてはならないのは、十五、十六世紀の絵画、版画、タペストリーである。なかでも十五、十六世紀の、より密接に技術と関連している美術のジャンル、とくにタペストリー、また版画、印刷本やトランプ印刷でも、歴史的にフランドルは有名である。

麻布（図❶）

フランドル地方の農村に滞在してみると、フランドルの農業技術に目を見はることだろう。フランドルの農地は、十八、十九世紀に開墾された。当時は有機肥料、より正確にいうと人糞がおもな肥料であったのは、多くのアジアの国と同様である。肥料は、麻の原料である亜麻の栽培に欠かせなかった。麻布は、中世都市の多くにとって主要な輸出品であった。フランドルの織物工業は有名であり、今でもあちこちの町には布製造業者の組合会館が残っており、かつての盛んな貿易の歴史を静かに伝えている。また、亜麻は、有名なフランドル・レースの材料でもある。

❶ ボビンレースにいそしむデンデルモンデの婦人

動物（図❷）

ブラバント産の馬が有名である。馬は、優秀な肥料の担い手として重要であった。この種の馬は馬力があることでも知られ、

❷ 肥料を畑に散布する馬車（亜麻の栽培）1830年

❸ 風車（支柱式）オンゼ・リーヴェ・ブラウ・ロムベーク　ブラバント
© www.fotogeniekbelgie.be

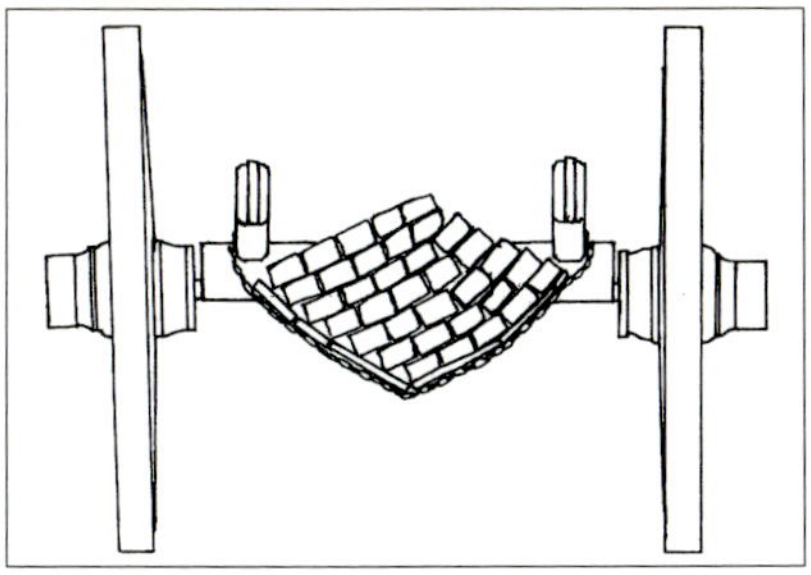

❹ 焼かれた煉瓦をオーブンから建設現場まで運ぶカート

今日アジアをはじめとする諸国への重要な輸出品である。馬ほど知られていないが、より歴史の新しいものとして、犬がある。グローネンダール犬は一九一〇年頃、日本に警察犬などとして輸出された。

風車（図❸）

フランドルの技術と芸術をあわせもつのが、風車、とくにポスト・ミルというタイプのものである。いまなお美しい風車のある風景は、フランドル地方を代表している。風車の特徴は、羽根が回転する垂直な軸にすべての構造上の力が集中しているということにある（75頁参照）。風車はつねに風に向かって設置され、羽根による動力の要素を取り入れることによって作動するという原理を考えると、それはまさに芸術なのである。

煉瓦（図❹）

最後に、中世の建築の材料として、欠かすことのできない煉瓦とその運搬用カートを挙げたい。フランドルの煉瓦は十三世紀から十四世紀にかけて、フランドルからイギリスに輸出された。一二七八年建造のロンドン塔にも、一部にフランドル産の煉瓦が使用されている。

ベルギーの城塞・城館建築

ジャン・アングルベール（坂本彰子訳）

日本に比べれば、ベルギーは実に小さな国である。人口比にしても面積比にしても、十二分の一にしかならない。しかし、この小国は、歴史的、芸術的に見て、とてつもない宝の山を秘蔵している。それは、数多くの城塞・城館建築である。正確な数字を挙げることはできないが、三千は下らないだろう。

ブイヨンの城塞（Château Fort de Bouillon）やヘントのフランドル伯居城（Gravensteen）のようにすでに世界的な名声を得ているものもあるが、ここではこの二つの城と同じほど美しく、建造物としても歴史的に見ても価値のあるものが他にもあることを紹介したい。この国は、いくつものヨーロッパ文化の交差点であり、それゆえ波乱に富んだ歴史を育んできたのである。

さて、城館とは何を指して言うのだろうか。要塞化された封建領主の館、諸侯・王侯の住まい、大地主の邸宅、田園地帯の豪奢な別荘、こうしたものはすべて、城館である。ベルギーには、あらゆる種類の城館がいくつもある。王城、いくつかは住居として利用されたが、多くは廃墟となっている城塞、防備を施した邸宅、貴族の館、ルネサンス様式の館、十七世紀の館、十八世紀の館、新古典様式、さらにはネオ・ゴシック様式の城館などがベルギーの全土に散在している。

❶ ベルイユ城

ベルイユ城　Château de Beloeil（図❶）

ベルイユ城は十四世紀以降、代々のリンニュ公の居城だった。煉瓦と青い石材でできたこの城は、四つの円塔を四隅に配し、堀が取り囲んでいる。フランス式庭園がとくに有名であり、庭園は建物と見事な調和を醸し出している。百二十ヘクタールを超える園内には、十キロの生垣や、四キロにも及ぶ池がある。見事なこの庭園では毎年、音楽祭が催され、数千人の見学者や音楽愛好家が集う場となっている。現在も住居として使われている建物には、タペストリーや絵画、二万点を超える書籍などの収集品が収められ、生きた博物館のようである。

ラインハルトシュタイン城　Château de Reinhardstein（ウェーム）

この城塞は、ベルギーでも有数の地形を背景に立っている。美しい丘が取り囲み、ヴァルシュ川が蛇行する狭い谷間を眼下に見てそびえている。ブルク・メッテルニヒ（Burg Metternich）とも呼ばれるこの中世の城は、ドンジョン（天守閣）、円塔、多数の広間を数える母屋からなる。円塔の中筒はあえて塔心からずらされ、迎撃側の壁が厚くできているのは、建築学上、興味深い。

ラメイアン城 Hof van Rameyen（ベルラール）

貴族の城館、別荘として評価の高いラメイアン城は、魅力あふれた素晴らしい居城である。均整のとれた姿が、鏡のような濠に映る。北側に開いたU字型の城は、ドンジョン（最も古い時代に建てられたものと思われる）と、二層の三棟からなる。二十メートルの橋が城館と城門のある守衛詰所を結ぶ。付属棟の建物を見下ろすポーチ部分は、段のついた切妻壁と大きな屋根があり、それに紋章がついていて非常に美しい。絵のような城の白壁、青い鎧戸、スレート瓦葺きの屋根を濠や庭園を背景に眺めると、最高の眺望が楽しめる。

モダーヴ城 Château de Modave（図❷）

十八世紀に建てられたベルギーの城館の中で、モダーヴ城は特別な位置を占めている。広大な庭園と自然保護地域（四百五十ヘクタール）の中にある城は、塔と地盤をなす岩盤が中世の雰囲気を伝える一方、ルイ十四世様式のファサードが近世の建築を感じさせる。モダーヴ城は、見る角度によりまったく違った様相を呈している。城門の下から見ると十七世紀の優雅な邸宅が目の前に広がるが、一方、城の下手を流れるオユー川の渓谷から眺めると断崖絶壁に建つ鷲の巣さながらである。

❷ モダーヴ城

館内に入ると、スタッコ装飾により大広間やサロンの天井を贅沢に装飾しているのがわかる。このほかにも、石造りの大階段や錬鉄の手摺り、ブリュッセルのタペストリー、壁画、新古典様式の礼拝堂などが、コンドロー地方一帯にある城館建築の中でモダーヴ城を最も美しいものにしている。別棟の付随建造物や大農場も一見の価値がある。

また、棟梁レヌカン・スワレムが一六六七年に建設した給水装置のことも忘れてはならない。これは、七十メートルほど下を流れる小川から城に水を引く装置である。このことを伝え聞いたルイ十四世は、レヌカン・スワレムをヴェルサイユに招く。スワレムは「太陽王」のために、かの有名なマルリーの機械を世に送り出す。この機械は、壮麗なヴェルサイユ宮殿を取り巻く、ル・ノートルが設計した庭園の噴水や池などに、セーヌ川の水を引き入れる設備である。

ポン・ドワ城 Château du Pont d'Oye（ハベイ）

一九三二年以降、ポン・ドワ城は、ノトン男爵家の所有となっている。当主のパトリック・ノトン男爵は多年にわたり駐日ベルギー大使を務めた。この十八世紀に建てられた別荘はリュクサンブール州の南部、アルデンヌ地方の南端に位置し、分水嶺となっている雄大な森林地帯のただ中にある。この山地を境に、ムーズ川に流れ込む水系とライン川に流れ込む水系とが生まれる所である。古城の付属棟があった場所に建てられたこの美しい館は、頁岩の石造りに、黄土色の漆喰を塗り込めたもので、現在はシャトー・ホテルになっている。リブ・ヴォールトがおおう優雅なサロンと、食堂、居心地のよい客室などがゆったりとした安らぎをもたらしてくれる。

ワルザン城 Château de Walzin（ディナン）

ナミュール州にあるワルザン城は、ベルギーが誇る城館のなかでも最も絵になる城である。断崖絶壁の頂から足元を流れるレッス川を見下ろすという絶好の立地にある。非常に歴史の古い城だが、現在見られる建物は、ルマークル・ルルーが残した一七四〇年のデッサンとはかなりかけ離れたものである。繰り返し行われた改装工事、とりわけ先代の所有者が一九三〇年に敢行した大改装はこの城の人気を高めた。この城は、今ではナミュール州の表看板となっている。手入れの行き届いた見事な庭園が建物をいっそう価値のあるものとし、ベルギーが誇る珠玉の城にしている。

そのほか、ラヴォー・サンタンヌ城、ヴェーヴ城、フレイール城、ブイヨン城塞、ステンバック城、オーイドンク城、リュムベーク城、ワイネンダール城、ブルク・ロイラント城、ソワロン城、ヘックス城、スネッフ城、ベールセル城、アレンベール城、クレイダール城など、建築的に価値のある建物はいくつも挙げることができる。

❸ シメイ城

シメイ城 Château de Chimay（図❸）

アルデンヌ地方のサンブル川とミューズ川に挟まれた、森と沼地の多い丘陵、ファーニュ高地の一角に、十二世紀の領主が最初の城塞を創建した。しかし一六三五年頃、フランス王アンリ二世の軍隊の侵攻によって焼失する。その後、シャルル・ド・クロイが修復・再建し、あらたな城を建設。一八一四年以降はカラマン＝シメイ家の所有となる。したがって今日、中世の城塞の跡を伝えるのは、城全体の一部となっている天守閣のみである。

城はL字型であり、材質は灰色の石灰岩。中庭に面して、一八六三年建設の新古典様式の瀟洒な劇場がある。この劇場と十五世紀の古い塔は、非常に幸運にも一九三五年の火災を免れた。だがその犠牲となった城のほうは再建され、ベルギーでは稀なアンリ二世様式の城の姿を伝えている。仕切り枠のある窓、上方が三角破風型の扉、ドーム型の装飾を戴く塔、薄紫色のスレート瓦などにその特徴を見ることができる。

シメイの町も、小さいながら訪れる価値がある。とくに、一六一〇年建設のトスカーナ様式の三列柱式のポルティコ（歩廊）は重要である。

（伊藤里麻子訳）

あとがき 森 洋子

ベルギーは古くから「ヨーロッパの縮図」として日本人の旅行者から愛されている。町全体がミュージアムのようなブルッヘ（ブリュージュ）、かつてヨーロッパの王侯貴族を魅了したフランドル絵画の巨匠たちの出身地アントウェルペン、絢爛たるバロック空間全開のブリュッセルのグラン・プラスなどである。

だが本書では、これらの都市もふくめ、ベルギーの各地に存在する、「知られざる」美術と文化の深層に光を当てている。観光ガイド的な紹介ではなく、ベルギーが歴史・美術・文化の面でヨーロッパ全土と絆が強く、影響を与え合ったという特徴を複眼的に解説している。また、読者が「時代を旅する」楽しみを満喫できるような写真や図版を掲載した。各章ともその分野で著名なベルギー人研究者たちと、長年、同国で研鑽を積んだ日本人研究者たちが分担執筆している。章を飾るエッセイには、これまで語られることが少なかった「ヘントの貧民救済」や聖堂のコミカルな「ミゼリコルディア」など、舞台裏の情報をとりあげた。

参考文献

●ベルギーの歴史

Blockmans, Wim and Walter Prevenier, *The Promissed Lands: The Low Countries under Burgundian Rule, 1369–1530*, Philadelphia, 1999.

Boone, Marc and Gita Deneckere, *Ghent. A City of All Times*, Antwerp, 2010.

Geirnaert, Noël and Ludo Vandamme, *Bruges. The Two Thousand Years of History*, Bruges, 1996.

Janssen, Paul et al., *Le delta d' or des Plats Pays: Vingt siècles de civilisation entre Seine et Rhin*, Anvers, 1996.

Soly, Hugo (éd.), *Charles Quint, 1500–1558. L'empereur et son temps*, Arles, 2000.

●ベルギーの美術と文化

Auwera, Vander, Joost and Sabine van Sprang (eds.), *Rubens, A Genius at Work: The Works of Peter Paul Rubens in the Royal Museums of Fine Arts of Belgium Reconsidered*, Tielt, 2007.

Barnes, Susan J. and Arthur K. Wheelock Jr. *Van Dyck 350*, Washington, 1994.

Bussers, Helena, "The 17th and 18th Century Sculpture," *Flemish Art from the Beginning till Now*, Libaers H. (ed) et al., Antwerp, 1986, pp. 376–403.

Colman, Pierre, et Berthe Lhoist-Colman, *Les fonts baptismaux de Saint-Barthélemy à Liège*, Bruxelles, 2003.

Couvreur, Manuel and Anne Deknop, Thérèse Symons, *Manneken-Pis: All Worked Up*, Brussels, 2005.

David, Johan, "Spade cultivation in Flanders," *Tools and Tillage 5*, Copenhagen, 1984, vol. 1, pp. 3–12.

De Jongh, Eddy and Ger Luijten, *Mirror of Everyday Life: Genreprints in the Netherlands 1550–1700*, Ghent, 1997.

Delmarcel, Guy, *Flemish Tapestry from the 15th to the 18th Century*, Tielt, 1999.

Duerloo, Luc and Werner Thomas (eds.), *Albert and Isabella, 1598–1621*, Turnhout, 1998.

Englebert, Jean et Jean-Claude Cornesse, *L'Architecture*, In Lejeune, Rita et Jacques Stiennon (dirs). *La Wallonie: le Pays et les Hommes (Arts, Lettres, Cultures)*. Tome 3, De 1918 à nos jours, Bruxelles, 1979, pp. 368–379.

Farcy, Philippe, *100 châteaux de Belgique*, 4 t., Bruxelles, 2002.

Gibson, Walter S., *Mirror of the Earth: The World Landscape in Sixteenth-Century Flemish Painting*, Princeton, 1989.

Heymans, Vincent et al, *Les Maisons de la Grand-Place de Bruxelles*, Bruxelles, 2011.

D'Hulst, Roger Adolf, *Jacob Jordaens*, London, 1982.

Huvenne, Paul, *The Rubens House, Antwerp*, Brussels, 1990.

Koester, Olaf, *Flemish Paintings 1600–1800*, Copenhagen, 2000.

Lamberts, Emiel and Jan Roegiers, *Leuven University, 1425–1985* (Varia Lovaniensia), Leuven, 1990.

Mai, Ekkehard und Hans Vlieghe (eds.), *Von Bruegel bis Rubens: Das goldene Jahrhundert der flämischen Malerei*, Köln, 1992.

Marijnissen, Roger H., *Bruegel*, Stuttgart, 1969.

Mori, Yoko, "Bruegel's Netherlandish Proverbs and Corresponding Images in Old Japanese Art," *Acta Historiae Artium*, Vol. 44, Budapest, 2003, pp. 191–205.

Nash, Susie, *Nothern Renaissance Art*, New York, 2008.

Nieuwdorp, Hans (ed.), *Antwerp Altarpieces 15th-16th century*, 2 vols., Antwerp, 1993.

Pächt, Otto, *Early Netherlandish Painting*, London, 1997.

Sellink, Manfred, *Bruegel: The Complete Paintings, Drawings and Prints*, Ghent, 2007.

Sirjacobs, Raymond, *Antwerpen Sint-Pauluskerk*, Antwerpen, 2004.

Smeyers, Maurits and Jan Van Der Stock et al (eds.), *Flemish Illuminated Manuscripts 1475–1550*, Ghent et al., 1996.

Snyder, James, *Northern Renaissance Art*, New York, 1985.

Takagi, Yoko, *Japonisme in Fin de Siècle Art in Belgium*, Antwerp, 2002.

Voet, Leon, *Antwerp, the Golden Age*, Antwerp, 1973.

Williamson, Paul, *Netherlandish Sculpture 1450–1550*, London, 2002.

荒木成子「ロベール・カンパンの《キリストの降誕》を読む」『イメージとテキスト――美術史を学ぶための13章』ブリュッケ，2007年，p. 237–258。

上條敏子『ベギン運動の展開とベギンホフの形成――単身女性の西洋中世』刀水書房，2001年。

河原温『中世フランドルの都市と社会――慈善の社会史』中央大学出版部，2001年。

河原温『ブリュージュ――フランドルの輝ける宝石』中央公論新社，2006年。

高木陽子「フェルナン・クノップフのジャポニスム」『美術史』第151冊，p. 152–165，2001年。

アーウィン・パノフスキー『初期ネーデルラント絵画――その起源と性格』勝国興，蜷川順子訳，中央公論美術出版，2001年。

クリスティン・ローゼ・ベルキン『リュベンス』高橋裕子訳，岩崎書店，2003年。

松尾秀哉『物語 ベルギーの歴史――ヨーロッパの十字路』中央公論新社，2014年。

カーレル・ファン・マンデル『「北方画家列伝」注解』尾崎彰宏，幸福輝，廣川暁生，深谷訓子編訳，中央美術出版，2014年。

森洋子『ブリューゲルの《子供の遊戯》』未来社，1989年。

森洋子『ブリューゲル探訪――民衆文化のエネルギー』未来社，2008年。

●著者略歴

森洋子（もり・ようこ）（編著）
明治大学名誉教授。ベルギー王立考古学アカデミー外国人会員。学術博士。お茶の水女子大学卒業後、独、米国（修士課程）、ベルギーに留学。主著『ブリューゲル全作品』。『ブリューゲルの諺の世界』（芸術選奨文部大臣賞）。ベルギー国王より王冠勲章シュヴァリエ章受章。北方ルネサンス美術史。

河原温（かわはら・あつし）（編集協力）
首都大学東京都市教養学部教授。東京大学文学部卒業。同大学院博士課程中退。博士（文学）。中世ネーデルラント史、都市史。主著『中世フランドルの都市と社会』、『ブリュージュ』。

荒木成子（あらき・しげこ）
清泉女子大学名誉教授。北方ルネサンス美術史。

アングルベール、ジャン
（Jean Englebert）
リエージュ大学名誉教授。建築設計。建築工業化。日本建築学会文化賞。

ヴァンドゥ・ワラ、ウィリー
（Willy Vande Walle）
ルーヴェン・カトリック大学日本学科主任教授。日本文化史。

上條敏子（かみじょう・としこ）
藤女子大学キリスト教文化研究所客員所員。一橋大学大学院社会学研究科博士課程修了。西洋中世史。

シュライヴェル、アルブレヒト・デ
（Albrecht de Schrijver）
パヨッテンラント郷土史家。

シルヤコプス、レイモント
（Raymond Sirjacobs）
アントウェルペンのシント・パウル聖堂元理事。聖堂元文化財保護・修復・財産目録担当。聖堂アーキヴィスト。

ダヴィット、ヨハン（Johan David）
フリンベルゲン古技術博物館元館長。技術史。

高木陽子（たかぎ・ようこ）
文化学園大学教授。ベルギー近現代芸術史。

ニュードルプ、ハンス
（Hans Nieuwdorp）
マイエル・ヴァン・デン・ベルフ美術館元館長。西洋中世彫刻史。

廣川暁生（ひろかわ・あき）
Bunkamura ザ・ミュージアムのキュレーター。西洋美術史。

ブッセルス、ヘレーナ
（Helena Bussers）
ベルギー王立美術館元館長。フランドル・バロック彫刻史。

ヘイルナールト、ノエル
（Noël Geirnaert）
ブルッヘ市立文書館、主任アーキヴィスト。

伊藤里麻子（いとう・りまこ）
武蔵野美術大学非常勤講師。西洋中世美術史。

坂本彰子（さかもと・あやこ）
翻訳者。

ふくろうの本

図説 ベルギー 美術と歴史の旅

二〇一五年 一 月二〇日初版印刷
二〇一五年 一 月三〇日初版発行

編著者……………森洋子
装幀・デザイン……………図書設計室 ヒロ工房（水橋真奈美）
発行者……………小野寺優
発行……………河出書房新社
東京都渋谷区千駄ヶ谷二‐三二‐二
電話 〇三‐三四〇四‐一二〇一（営業）
〇三‐三四〇四‐八六一一（編集）
http://www.kawade.co.jp/

印刷……………大日本印刷株式会社
製本……………加藤製本株式会社

Printed in Japan
ISBN978-4-309-76226-5